Mitologia Egizia

Una guida completa per conoscere gli antichi dèi egizi, il mito della creazione, il libro dei morti, la loro religione e le credenze egizie sulla vita e l'aldilà.

Da

IACOBELLIS EDIZIONI

© Copyright 2022 by IACOBELLIS EDIZIONI - Tutti i diritti riservati.

Sommario

Introduzione

La mitologia dell'antico Egitto è misteriosa e affascinante come non mai. Gli storici ne hanno immortalato la cultura, la religione e i costumi. Come molti altri miti della creazione, anche quello egizio è complesso e offre diverse prospettive sugli eventi che hanno portato alla creazione del mondo. Secondo le antiche credenze egizie, i principi essenziali della vita, della natura e della società erano stati stabiliti dagli dèi quando avevano creato il cosmo.

Tutto ebbe inizio quando il Dio Supremo agitò per la prima volta gli oceani primordiali; questo fu l'inizio di tutto. Piramidi, templi, tombe e rotoli di papiro includono tutti scritti geroglifici sacri che descrivono l'origine dell'universo. Questi scritti descrivono come il dio Atum creò l'universo e stabilì l'ordine dal caos. Poiché era un riflesso del mondo celeste, dove vivevano gli dèi, si pensava che la terra fosse un luogo sacro.

Gli dèi erano considerati compagni gentili e generosi che davano un senso alla vita. Nelle sue funzioni di Signora del Sicomoro, che offriva protezione e conforto e sorvegliava la Via Lattea celeste e il fiume Nilo come consapevolezza cosmica, Hathor era sempre presente. Come Signora della Necropoli, serviva anche come ingresso per l'anima dei morti nell'aldilà. Inoltre, esortava le persone a celebrare ogni evento, come matrimoni e funerali, con una birra per sollevare il morale. La vita e il benessere degli uomini si dimostrano di estrema importanza per le altre divinità egizie. Dopo aver assolto a tutte le responsabilità del vivente quando era ancora in vita, esse manifestavano la loro presenza dopo la morte per consolare e guidare l'anima. Le anime appena arrivate nell'aldilà erano dirette e protette da dee come Nephthys, Selket e Qebhet. Qebhet consegnava alle anime appena arrivate anche acqua fredda e meravigliosa.

Gli egizi hanno venerato un enorme pantheon di centinaia di divinità nel corso della storia. Potrebbe essere difficile concentrarsi sulle qualità distintive delle singole divinità. La maggior parte di esse aveva una forma particolare e un'associazione fondamentale (ad esempio con il sole o gli inferi). Tuttavia, esse possono cambiare nel corso del tempo, poiché l'importanza di alcune divinità è cambiata nel tempo in modi paralleli ai cambiamenti della civiltà egizia. Dovreste conoscere le seguenti divinità.

Nell'aldilà, la morte era vista solo come un inizio piuttosto che come una fine, consentendo la prospettiva di un piacere perpetuo. Spesso si riteneva che, poiché l'anima si era abituata a vivere sulla terra, non sarebbe stata in grado di lasciare il corpo dopo la morte. Le immagini e gli incantesimi del Libro dei Morti e dei Testi delle Piramidi, scolpiti sui pilastri delle tombe e indossati come amuleti dal cadavere, avevano lo scopo di invogliare lo spirito a lasciare il corpo e a continuare il suo viaggio.

Capitolo 1: L'antica mitologia egizia e la creazione del mondo

La società dell'Antico Egitto era unica sotto diversi aspetti, non ultimo quello della sua longevità. La civiltà egizia ha governato la regione per quasi duemila anni, lasciando testimonianze durature della sua creatività, del suo talento e del suo amore per l'estetica e le opere d'arte. Purtroppo, ci sono notevoli lacune nella comprensione di questa antica società e molti dibattiti irrisolti. Gli egizi pensavano che il viaggio fosse iniziato con la costruzione della terra e dell'universo da nient'altro che l'oscurità e un vortice caotico.

Sentivano che questo era l'inizio del viaggio. All'inizio non c'era altro che acqua scura e illimitata, priva di qualsiasi tipo di organizzazione o scopo. Si credeva che Heka, il dio della magia, avesse atteso in questo vuoto il momento della creazione. La collina primordiale, nota anche come benben, emerse dalla tranquillità dell'oceano conosciuto come Nu, e fu lì che si trovava il potente dio Atum.

1.1 La creazione del mondo

Gli Egizi credevano che il viaggio fosse iniziato con la formazione del pianeta e del cosmo da nient'altro che l'oscurità e un vortice caotico. All'inizio non c'era altro che acqua nera e sconfinata, senza alcuna struttura o scopo. Si dice che Heka, la divinità della magia, attendesse in questo vuoto il momento della creazione. La collina primordiale, nota anche come benben, emerse dalla quiete dell'oceano conosciuto come Nu, ed è lì che si trovava la potente divinità Atum.

Atum vide il vuoto e si rese conto di essere solo. Di conseguenza, usò la magia per concepire una prole con il suo riflesso e la chiamò Shu e Tefnut. Shu portò i concetti di ordine nel mondo primitivo, mentre Tefnut fu responsabile di impartire i fondamenti della vita. I due salutarono il padre a bordo del Benben prima di intraprendere il viaggio per la costruzione del globo.

Alla fine, Atum cominciò a preoccuparsi dell'assenza della sua prole per molto tempo, così gli strappò un occhio e lo mandò in missione per trovarli. Quando la sua vista era fuori uso, Atum si sedette da solo sulla collina della montagna, in mezzo al caos, e pensò all'eternità. Quando Tefnut e Shu tornarono a casa e portarono l'occhio di Atum (che alla fine sarebbe stato identificato con l'occhio di Udjat, l'occhio di R), il loro grato padre pianse lacrime di piacere. Shu e Tefnut avevano portato con sé l'occhio di Atum. Il versamento di queste lacrime sulla ricca terra del benben portò alla creazione di uomini e donne.

Tuttavia, non c'era un posto dove questi primi animali potessero risiedere, così Tefnut e Shu si unirono, ebbero dei figli e diedero vita a Geb (la terra) e Nut (il cielo). Anche se Nut e Geb erano legati da vincoli di sangue, riuscirono a trovarsi e a diventare amanti devoti. Poiché Atum riteneva intollerabile la loro condotta, bandì Nut dalla presenza di Geb in un luogo molto in alto nei cieli. I due amanti potevano guardarsi in continuazione, ma avevano perso la capacità di toccarsi fisicamente. Tuttavia, Nut era già incinta quando Geb le fece la proposta, e alla fine partorì Set, Iside, Nefti, Osiride e Horus. La proposta di Geb arrivò dopo che Nut era già stata ingravidata.

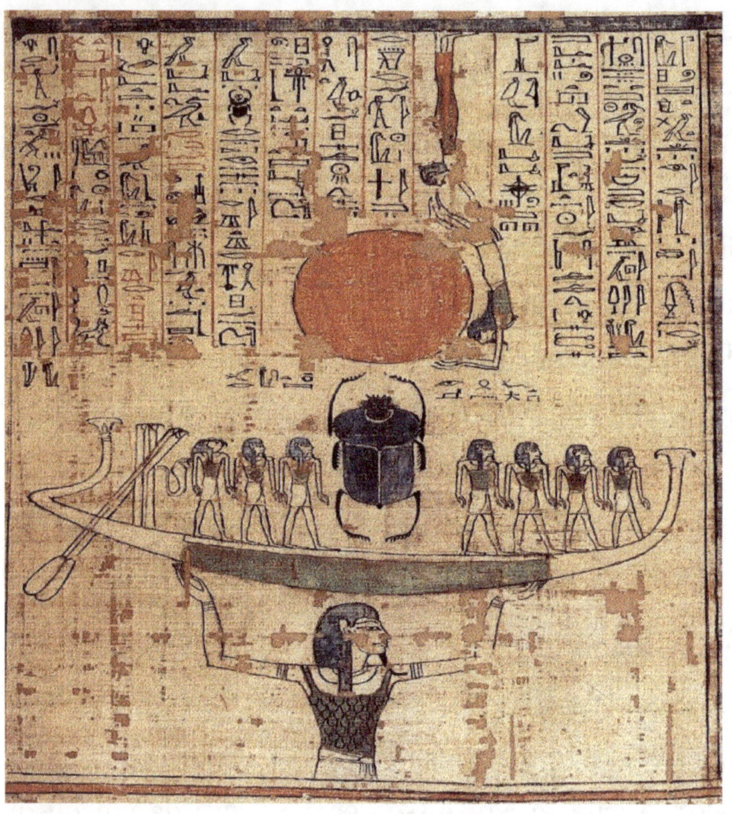

Queste cinque divinità egizie sono spesso considerate le prime o, per lo meno, le più note rappresentazioni delle figure divine precedenti. Osiride dimostrò di essere una divinità saggia e prudente e, di conseguenza, Atum gli delegò la responsabilità di governare l'universo mentre lui si occupava dei propri affari.

1.2 La visione della vita degli antichi egizi

Ci sono molte prove che gli Egizi hanno avuto un ruolo importante nella promozione dello sport come attività culturale. Tra gli sport egiziani più diffusi vi erano la pallamano, il nuoto, il tiro con l'arco, il tiro alla fune, il canottaggio, la ginnastica e la "giostra d'acqua", una battaglia navale che si svolgeva su piccole canoe sul fiume Nilo e in cui un "giostratore" riusciva a far cadere un altro giostratore dalla sua canoa mentre l'altro membro della squadra manovrava la zattera.

Il nuoto era un'attività popolare che ha dato origine ad altri giochi acquatici, poiché ai bambini veniva insegnato a nuotare fin da piccoli. Il senet, un noto gioco da tavolo che simula il viaggio da questo mondo all'eternità, era molto apprezzato. Le celebrazioni più importanti comprendevano musica, danze e ginnastica altamente programmata. Gli Egizi consideravano anche la gratitudine per la propria vita e per quella di tutti coloro che li circondavano come ideali vitali. Le divinità erano viste come amici intimi e generosi fornitori che davano uno scopo a ogni giorno.

Hathor era sempre presente nei suoi ruoli di Signora del Sicomoro, che forniva riparo e conforto e governava la Via Lattea celeste e il fiume Nilo come coscienza cosmica. Inoltre, come Signora della Necropoli, forniva all'anima defunta il passaggio per l'aldilà. Incoraggiava inoltre le persone a tirarsi su di morale bevendo una birra in ogni occasione, compresi matrimoni e funerali.

Anche altre divinità egizie si dimostrano profondamente interessate alla vita e al benessere dell'uomo. Dopo la morte, esse si facevano sentire per confortare e guidare l'anima, avendo adempiuto a tutti gli obblighi della persona viva quando era ancora in vita. Dee come Nephthys, Selket e Qebhet guidavano e proteggevano le anime appena giunte nell'aldilà. Persino l'acqua fresca e gradevole veniva portata da Qebhet alle anime appena arrivate.

Venivano portati davanti a Thoth, Anubi e Osiride, che decidevano se dovessero essere puniti o premiati. Contrariamente a quanto si crede, gli antichi egizi rimanevano incuriositi dalla vita e la sfruttavano al massimo. Non si preoccupavano affatto della morte, come spesso si crede.

Gli Egizi credevano che la vita vissuta qui sulla terra si sarebbe riflessa nell'aldilà. Gli egiziani consideravano il loro Paese il luogo più fortunato e perfetto del mondo.

Durante le feste egiziane, i partecipanti erano invitati a godersi la vita al massimo e a dare valore al tempo trascorso con gli amici e le famiglie. Indipendentemente da quanto fosse umile, la casa era tenuta in massima considerazione, così come i parenti e gli altri membri della comunità. I loro animali domestici erano tenuti nella stessa considerazione che hanno le persone che vivono oggi, e i loro ricordi erano ricordati nell'arte, nelle iscrizioni e nella letteratura, spesso dando un nome agli animali. Poiché gli egiziani davano un valore così alto alla vita, è logico che immaginassero un'eternità simile alla vita dopo la morte.

Dalla vita alla vita

La morte era vista come un semplice inizio e non come una fine nell'aldilà, aprendo la porta alla possibilità di una felicità eterna. Spesso si pensava che dopo la morte lo spirito non potesse lasciare il corpo perché si era abituato a stare sulla terra. Il Libro dei Morti e i Testi delle Piramidi, immagini e incantesimi disegnati sui pilastri delle tombe e amuleti indossati dai cadaveri, erano strumenti utilizzati per incoraggiare l'anima a lasciare il corpo e continuare il suo viaggio.

Queste Confessioni erano un insieme di 42 peccati che nessuno può onestamente affermare di aver commesso contro gli altri, contro sé stesso o contro gli dei. Queste confessioni dovevano essere recitate per dimostrare l'eccellenza morale del defunto e la sua pretesa di ottenere il paradiso eterno.

L'anima si reca con Anubi, il sorvegliante dei morti, nella "Sala della Verità", dove si mette in fila con altre anime per essere giudicata da Osiride. Secondo numerose versioni, l'anima farà delle confessioni negative davanti ad Anubi, Osiride, i quarantadue giudici e Thoth. Dopo la presentazione di queste confessioni, si riunirebbero i quarantadue giudici, Osiride, Thoth e Anubi. Se la dichiarazione di una persona fosse stata accettata, lo spirito avrebbe offerto a Osiride il suo cuore perché fosse pesato su una bilancia d'oro contro la piuma bianca della verità. Se la confessione fosse stata ritenuta accettabile, avrebbe iniziato l'aldilà.

Se il cuore fosse stato più leggero delle piume, l'individuo sarebbe passato al livello successivo; se era pesante, Ammut, "la femmina divoratrice di morti", lo mangiava. Seguiva la "Grande Morte", ma non era nulla. Nella mitologia egizia l'oblio era peggiore della sofferenza perpetua.

1.3 I primi dèi

Nel Libro dei Morti, risalente al Secondo Periodo Intermedio, Atum, la divinità di Eliopoli, epicentro spirituale della religione del dio Sole nel Basso Egitto, è ritenuto responsabile della creazione dell'universo. All'inizio, il mondo assunse la forma di Nun, un mare sconfinato e privo di caratteristiche, senza limiti o confini percepibili. I quattro sessi della personificazione di Nun svolgevano ciascuno il ruolo di un dio o di una dea diversi.

Ogni accoppiamento era una rappresentazione di una delle caratteristiche che definiscono Nun: il nascondimento (noto anche come invisibilità), l'acqua sconfinata, il vagabondaggio (noto anche come mancanza di direzione) o l'oscurità (nota anche come mancanza di luce). Atum si formò da Nun esercitando la sua volontà o proclamando il suo nome. Nun era il suo punto di partenza. In quanto responsabile della creazione degli dèi e degli esseri umani, era suo compito stabilire l'ordine sia nella terra che nei cieli.

In qualità di Signore del Cielo e della Terra, indossava la doppia corona del Basso e dell'Alto Egitto e portava l'ankh, segno di vita, e lo scettro, simbolo del potere reale. Entrambi questi oggetti sono associati ai faraoni egiziani.

1.4 La prima ribellione

Sekhmet; CMC PCD 2001-294-099

Quando Re raggiunse la maggiore età, gli dèi cercarono di approfittare della sua ridotta capacità mentale. Anche gli esseri umani si impegnarono in complotti malvagi contro di lui, con il risultato di essere espulsi dalle grazie divine. In risposta alla rivolta, Re inviò il suo occhio per uccidere i ribelli, cosa che fece trasformandosi nell'iraconda e potente dea Sekhmet.

L'occhio di Re (raffigurato come un leone) riuscì nella sua missione. Dopo aver reso giustizia ai suoi avversari, si trasformò nella dea felice Hathor (raffigurata come una mucca). Re si ritirò dal mondo perché era in agonia e si era stancato di questi problemi. Dopo aver assunto l'aspetto di Hathor, salì in cielo montando Nut, che rappresentava il cielo. Gli altri dèi si trasformarono in stelle mentre stringevano il ventre gravido di Hathor.

Dopo questo evento, a Thoth, il dio della luna, fu concesso un incantesimo che avrebbe protetto le persone dai danni nel caso in cui il sole fosse sprofondato sotto la superficie della terra. Dopo di allora, non c'era più alcun legame tra l'umanità e gli dèi, così come non c'era più alcun legame tra la terra e il cielo.

1.5 Il mitico uccello Bennu

I Testi delle Piramidi, incisi sulle pareti delle piramidi, affermano che la divinità che creò il mondo venne dal disordine e dall'oscurità di Nun sotto forma del favoloso uccello Bennu (simile a una fenice). Si recò a Eliopoli, un'antica città situata nei pressi del Cairo, e atterrò sul Benben, un obelisco che dovrebbe raffigurare un raggio di sole, proprio mentre stava sorgendo l'alba.

Aveva appena finito di tessere un nido di rami profumati e spezie quando improvvisamente fu avvolto dalle fiamme, ma una forza sconosciuta lo riportò in vita. Bennu è un termine che si riferisce alla pietra di copertura che viene posta in cima a un obelisco o a una piramide. Rappresenta la rinascita e l'immortalità ed è noto come Bennu o pyramidion.

Visioni alternative dell'aldilà

Alcune visioni dell'aldilà, che riflettono le credenze del loro tempo, rifiutano la permanenza e la bellezza dell'aldilà. Questo cambiamento di prospettiva sull'aldilà è stato determinato dal passare del tempo. Queste interpretazioni non sono esclusive di un solo periodo, ma sembrano essersi verificate a intervalli sporadici nel corso della storia dell'Egitto dopo quell'epoca. I morti giustificati fungevano da equipaggio di Ra sulla sua nave solare che viaggiava di notte nel cielo, sorvegliando il dio del sole contro Apophis.

Secondo questa interpretazione, le anime giuste trascorrono l'eternità nell'aldilà lavorando con gli dèi, che hanno il compito di garantire che coloro che sono ancora vivi sulla terra vedano l'alba ogni mattina.

Ogni mattina, la famiglia e gli amici ancora in vita accoglievano l'alba ringraziandoli per il duro lavoro svolto e si ricordavano di loro. Questa interpretazione dell'aldilà dimostra l'importanza che gli Egizi attribuivano al ricordo degli antenati e delle persone care decedute, un valore culturale condiviso da molte società antiche.

Capitolo 2: Il mito della creazione

Il mito della creazione egiziano, come molti altri, è intricato e presenta diverse interpretazioni degli eventi che hanno portato alla formazione del mondo. Gli antichi egizi ritenevano che gli dèi fossero responsabili di stabilire i principi fondamentali della vita, della natura e della società quando crearono l'universo. Tutto ebbe inizio con il primo mescolamento dell'Alto Dio nei mari primordiali, che fu l'inizio di tutto. Le sacre iscrizioni geroglifiche che si possono vedere su piramidi, templi, tombe e fogli di papiro raccontano la storia di come è nato il mondo. Questi testi spiegano come la divinità Atum abbia portato l'ordine dal caos e creato il mondo. Si credeva che il suolo fosse un ambiente sacro perché era uno specchio del regno del cielo, che ospitava gli dèi.

Allo stesso modo, il fiume Nilo era essenziale per l'esistenza quotidiana degli Egizi, che immaginavano il mondo celeste come un paesaggio attraverso il quale le creature divine viaggiavano su barche sacre. Gli antichi egizi attribuivano grande importanza al dio del sole Re e vedevano il movimento quotidiano del sole attraverso il cielo, da est a ovest, così come il sorgere e il tramontare del sole ogni giorno, come una metafora della progressione attraverso le fasi della vita, dalla nascita alla maturità, dalla morte alla rinascita. L'onnipresenza del sole in un ambiente per lo più desertico può aver contribuito al fascino che i primi egizi esercitavano sulle nozioni solari.

2.1 Il mito della creazione

Il cosmo si è formato in un periodo molto lungo, durante il quale gli dèi risiedevano sulla terra e fondavano regni secondo i precetti della correttezza e dell'equità. I faraoni ottennero l'autorità di governare quando gli dèi lasciarono la loro dimora sulla terra per risiedere nel regno superiore. Il pantheon egizio era ricco di divinità che vivevano nei cieli, ma la loro influenza era visibile anche sulla terra. Scopriamo che gli Egizi consideravano il cielo come un luogo di dimora per i loro dèi e un sito associato all'aldilà nei Testi delle Piramidi dell'Antico Regno, apparsi inizialmente sugli interni delle piramidi dei sovrani della Quinta Dinastia dell'Antico Regno (circa 2500-2350 a.C.).

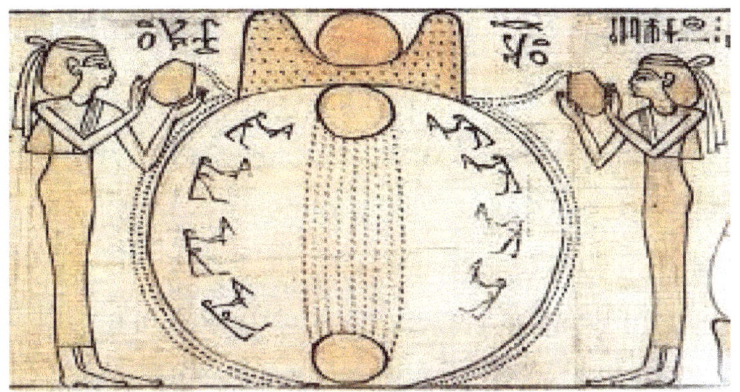

La divinità del sole scendeva negli inferi quando il cielo si oscurava (la Duat). I suoi viaggi notturni sono documentati nelle scritture funerarie del Nuovo Regno, che risalgono al periodo compreso tra il 1292 a.C. e il 1075 a.C. e sono state rinvenute sulle pareti delle tombe reali. Il dio del sole intraprendeva un viaggio nel mondo sotterraneo per tutta la notte e, al termine, fondeva il suo essere con quello di Osiride, la principale divinità funeraria.

Il viaggio fu pericoloso e il dio del sole dovette affrontare il suo avversario, Apophis, un serpente che lo minacciava mentre viaggiava sulla sua barca solare attraverso la notte. Un altro ruolo significativo di Re nell'universo era quello di divinità creatrice. Ogni mattina, al sorgere del sole, il ritorno della luce all'orizzonte serviva come rappresentazione visiva del mondo che veniva rifatto. Tuttavia, nella mitologia egizia, Re non era l'unica divinità a svolgere il ruolo di creatore.

Gli Egizi avevano diverse mitologie intricate che descrivevano la nascita del loro mondo. La città della creazione che fungeva da punto focale di questi antichi miti egizi era sempre distinta. Hermopolis, che si trovava nel Medio Egitto, è considerata il luogo di nascita della cosmologia ermopolitana. Thoth, la divinità egizia della conoscenza, aveva un posto speciale nel suo cuore per la città di Hermopolis.

Gli antichi greci identificavano la loro divinità, Ermes, con Thoth, da cui deriva il nome Hermopolis, che si traduce in "città di Ermes". Khemnu, che significa "città degli otto", era il nome che gli antichi egizi davano a questa città. Il numero otto è significativo nel dare il nome a questa località perché allude all'Ogdoade, un gruppo di otto divinità che svolgono un ruolo importante in questa particolare narrazione della creazione. L'Ogdoade era composta da quattro divinità maschili con la testa di rana e da quattro dee femminili con la testa di serpente che erano i loro equivalenti.

Questo gruppo divino rappresentava la condizione primordiale dell'universo, descritto come oscuro, acquoso, misterioso e infinito. Sia Nun che Naunet simboleggiavano l'elemento dell'acqua. Sia Heh che Hauhet erano in grado di articolare il concetto di infinito. Kek e Kauket parlavano di oscurità. Sia Amun che Amaunet esemplificano l'idea di qualcosa che viene nascosto. Questi otto dei erano presenti nella confusione fangosa che regnava prima della creazione del mondo. La possibilità di creatività esisteva all'interno di questo "nulla" statico, anche se veniva chiamato così.

Gli Egizi pensavano che questi otto dei avessero dato vita a un uovo cosmico che conteneva il dio responsabile della costruzione del resto dell'universo, compreso il tumulo primordiale, che fu la prima terra a emergere dai mari che esistevano prima della creazione. In alcune versioni del racconto, l'uovo è stato depositato da un'oca nota come "il Grande chioccia"; in altre versioni, invece, l'uovo è stato deposto da un ibis, uccello legato alla divinità Thoth. Entrambi gli uccelli sono responsabili della deposizione dell'uovo nelle rispettive versioni narrative.

L'inclusione di Thoth a questo punto del racconto è molto probabilmente il risultato degli sforzi del sacerdozio ermopolitano per dare alla dea patrona della città, Hermopolis, il giusto rispetto che merita. L'apparizione del tumulo fu seguita dallo sbocciare di un fiore di loto, che serviva come simbolo dell'arrivo della divinità solare nascente. Il resto della creazione poteva nascere dopo che il sole aveva stabilito il suo posto nell'universo. Questo racconto descrive spesso anche uno scarabeo che si dice emerga dal fiore di loto. Lo scarabeo è spesso usato come simbolo del sole e le scritture spiegano come questo insetto possa trasformarsi in un neonato umano.

Quando questo bambino versò le sue lacrime, da quelle lacrime nacque l'umanità. Un'altra storia che racconta l'origine dell'universo cita un gruppo di divinità chiamato Enneade Eliopolitana. Questo racconto sottolinea l'importanza del sole nel processo di creazione del mondo. Queste nove divinità, note come Enneade, sono citate nei testi delle piramidi dell'Antico Regno. Si ritiene che questo racconto abbia avuto inizio nella città di Iunu, nota anche come Eliopoli (che in greco significa "Città del Sole").

In questo racconto, il primo passo nella creazione dell'universo coinvolge una divinità chiamata Atum (o Re-Atum). Prima di essere creato, Atum esiste in una condizione caotica e acquosa di pre-creazione, simile a quella che troviamo nell'interpretazione ermopolitana della storia della creazione. Atum è una divinità autocreata che appare a Eliopoli sotto forma di un pilastro che assomiglia a un obelisco chiamato benben. Partorisce utilizzando il suo sangue e altre secrezioni fisiologiche. Atum, la divinità della creazione, sputa due creature divine come primo passo nella creazione dell'universo. Questi esseri celesti sono Tefnut, la controparte femminile e la dea dell'umido. Dalla progenie di Shu e Tefnut nasce una successiva generazione di divinità.

Geb, il loro figlio, divenne la divinità della terra, mentre Nut, che sposò il fratello di Geb, divenne la dea del cielo. L'universo egizio nasce con questa seconda generazione e tutti i componenti necessari all'esistenza della vita sulla terra, tra cui il sole, l'umidità, l'aria, la terra e il cielo, sono ora al loro posto. La combinazione delle immagini delle due dee nell'immaginario egizio, Geb e Nut, è molto vivida. Sembra che Geb sia un uomo prono a terra. Sopra di lui, separata dal padre Shu, c'è l'immagine della sorella-moglie Nut, spesso rappresentata come una donna nuda il cui corpo è coperto di stelle. Questa figura si estende su un arco.

Gli antichi egizi concepivano i suoi arti, in particolare le braccia e le gambe, come i pilastri che sostenevano il cielo, con ciascuno dei suoi arti che serviva a indicare uno dei quattro punti cardinali. Geb e Nut poterono avere un'altra generazione di dèi prima che il padre li costringesse a separarsi. Questa generazione comprendeva Iside, Seth, Osiride e Nefti. Horus nacque da Iside e Osiride, che furono i genitori di Horus. (È interessante pensare che, oltre a essere considerato l'albero genealogico del sovrano egizio, anche la genealogia di Eliopoli possa essere vista come tale. Dopo la morte, ogni monarca era identificato con la divinità Osiride, nota come il sovrano dei morti.

In vita, si credeva che ogni re fosse una rappresentazione di Horus. I membri dell'Enneade svolgono un ruolo importante non solo nella formazione dell'universo, ma anche in vari cicli di vita e rinascita, oltre a quello che hanno svolto nella formazione dell'universo. Per esempio, secondo alcune credenze, la dea del cielo Nut è responsabile della nascita del sole ogni giorno, mentre altre tradizioni ritengono che sia anche responsabile della nascita delle stelle. È possibile che gli antichi egizi abbiano visto una somiglianza tra il braccio esterno della Via Lattea e una figura femminile nel cielo notturno e che, in seguito alla loro osservazione, abbiano collegato questa caratteristica astronomica alla dea Nut.

A Nut veniva riconosciuto un ruolo nella resurrezione dei morti, oltre al suo compito di dea responsabile della rinascita quotidiana del sole. Sui soffitti delle tombe reali del Nuovo Regno (1539-1075 a.C.) si possono vedere raffigurazioni di Nut. Queste raffigurazioni ritraggono la dea con il sole che entra nella sua bocca, viaggia all'interno del suo corpo coperto di stelle per tutta la notte ed emerge nuovamente dalla sua bocca al mattino. Spesso è raffigurata all'interno dei coperchi dei sarcofagi, dove veglia sui defunti e li custodisce fino a quando, come il dio del sole Re, non rinascono. La Dado può anche apparire sui coperchi delle bare sotto forma di una donna con le ali aperte sul petto del defunto in modo protettivo.

Un trattato noto come Teologia melfitica presenta un terzo resoconto su come è nato l'universo. Questo racconto si concentra sull'origine della vita. Memphis era una città dell'antico Egitto che ha avuto un ruolo importante nella storia del Paese. Memphis fu la prima capitale dell'Egitto e si trovava sulle rive del fiume Nilo, nel punto in cui questo si divide nel Delta del Nilo. Anche durante i periodi della lunga storia egiziana in cui il ruolo della città come capitale della nazione cambiò, Memphis mantenne la sua importanza come centro religioso e amministrativo e rimase un centro importante per tutto il Paese.

Secondo lo storico Manetone, intorno al 3200 a.C. il mitico monarca Menes avrebbe fondato la città di Memphis. Ptah, la sua sposa Sekhmet e il loro figlio Nefertem costituivano la triade divina a guardia della città. Nefertem era il protettore della città. Nella mitologia dei Memi, il dio Ptah è rappresentato come il dio principale responsabile della creazione. Gli artigiani adoravano Ptah come divinità protettrice. I riferimenti al momento della creazione non si trovano solo nelle scritture egizie, ma anche altrove. La maggior parte dei templi include dettagli architettonici che ricordano parti dell'universo così come è stato creato. Davanti a un tempio si trova spesso un'imponente porta d'ingresso nota come pilone.

I piloni hanno spesso la forma di due torri affusolate collegate alla base da una parte inferiore. La forma del pilone è un'imitazione del geroglifico del termine "orizzonte", che si scrive akhet ed è rappresentato da due montagne con un disco solare in mezzo. Spesso si vede una coppia di obelischi davanti all'ingresso di un tempio. Questo contribuisce ulteriormente all'idea del sole. Un obelisco è una struttura in pietra indipendente con quattro lati che si restringe gradualmente man mano che sale e culmina in una piramide in miniatura nota come "pyramidion". Gli obelischi erano considerati sacri al dio sole e servivano come simbolo del sole che era collegato al benben.

Il benben ricorda il tumulo primordiale raccontato nei miti della creazione di Eliopoli ed Ermopoli. Ogni tempio rappresentava una versione in miniatura del globo all'interno del quale si svolgeva regolarmente l'atto di creazione. Dopo aver attraversato il pilone d'ingresso, il tempio tipico comprendeva uno o più ampi cortili e una sala ipostila, mentre il santuario era situato nella parte interna dell'edificio. I capitelli papiriformi e lotiformi che si vedono sulle colonne che si trovano in tutto il tempio ricordano la vegetazione palustre che apparve per la prima volta sul tumulo primordiale. L'ombroso santuario all'interno del tempio, che ospitava la figura della divinità che vi risiedeva, era modellato come il tumulo che era all'origine di tutto.

Quando i sacerdoti eseguivano le cerimonie del mattino e aprivano il santuario del dio, rievocavano lo stesso momento in cui avveniva la creazione. La divinità residente nel tempio assumeva il ruolo del dio che aveva dato vita al mondo. I mattoni che compongono le pareti di molti templi sono spesso disposti a forma di onda. Questo motivo potrebbe rappresentare le acque turbolente che esistevano prima della creazione, tenute a bada dalla costruzione dell'altopiano (primordiale) su cui è stata edificata la struttura del tempio.

Oltre alle divinità della creazione descritte nei tre miti primari della creazione, esistono altre divinità, come Min, Amun, Khnum e l'Aten, che sono state considerate divinità della creazione in un momento o nell'altro. Si dice che Min sia stata una delle prime divinità riconosciute in Egitto. La sua immagine è visibile fin dal periodo predinastico della storia egizia. Nella località di Coptos, W.M.F. Petrie è riuscito a portare alla luce tre enormi sculture di Min, ognuna delle quali è stata datata all'incirca all'anno 3300 a.C.

Anche se sono in pezzi, queste sculture mostrano questa divinità nel passato con il fallo eretto che è stato associato a tutte le sue rappresentazioni. Min è una divinità associata alla fertilità e alla creazione ed è spesso raffigurato in una posizione itifallica unica. Tiene un flagello nel braccio teso di una delle sue braccia e indossa un'imponente corona piumata molto simile a quella di Amun-Re.

2.2 La progenie del Dio creatore

Durante un periodo che gli Egizi chiamavano Zep Tepi, noto anche come il Primo Tempo, Atum diede alla luce due figli. Sua figlia, Tefnut, era la personificazione dell'aria umida e corrosiva, mentre suo figlio, Shu, era la personificazione dell'aria secca. I due gemelli rappresentano due aspetti fondamentali comuni a tutti, ovunque: la vita e la giustizia (justice).

I due gemelli crearono una barriera tra il cielo e le onde. Ebbero dei figli a cui furono dati i nomi di Geb, che significa "terra asciutta", e Nut, che significa "cielo". Quando le acque primordiali cominciarono a ritirarsi, si formò un cumulo di terra conosciuto con il nome di Geb; questo fu il primo lembo di terra solida e asciutta, e fu qui che il dio del sole, Re, scelse di posare la testa. Durante le dinastie, Atum veniva chiamato Re, che significava "il sole al suo primo sorgere".

La dea del cielo, Nut, e la divinità del suolo, Geb, sono tenute separate da Shu, il dio del vento. Due divinità con teste di ariete sono posizionate accanto a Shu. Geb e Nut furono responsabili della nascita di quattro figli: il dio del caos, Seth, e la divinità dell'ordine, Osiride, insieme alle loro sorelle, Nefti e Iside. Questa nuova generazione completava l'Enneade eliopolitana, un gruppo di nove divinità che iniziava con Atum, la divinità della creazione all'inizio del tempo. In una diversa narrazione del mito della creazione, la città di Hermopolis, nel Medio Egitto, sostituisce l'Enneade con un gruppo di otto divinità, note come Ogdoad. Si trattava di quattro gruppi distinti di dèi e dee, ognuno dei quali rappresentava un aspetto diverso dell'anarchia che prevaleva prima della formazione del mondo.

Gli dèi erano spesso raffigurati come rane, mentre le dee erano spesso rappresentate come serpenti. I loro nomi erano Nun e Naunet, che significavano "acqua", Amun e Amaunet, che significavano "nascondimento", Heh e Hauhet, che significavano "infinito", e Kek e Kauket, che significavano "eternità" (oscurità).

2.3 Il viaggio di Re

A quel tempo, Re risiedeva nel cielo, il luogo in cui veniva mantenuto l'ordine. Ogni alba rinasceva a est e attraversava il cielo su un'imbarcazione chiamata Corteccia dei Milioni di Anni. Ad accompagnarlo nel suo viaggio c'erano alcuni dei che fungevano da equipaggio. Khepri, la divinità dello scarabeo, che in realtà era uno scarabeo stercorario, trasportava il dio del sole attraverso il cielo sulla sua schiena. Il suo avversario più pericoloso era un enorme serpente chiamato Apep, che abitava le acque del Nilo e di Nun.

Apep si sforzò di fermare il passaggio quotidiano della corteccia solare, ma il dio del sole alla fine riuscì nel suo intento. Nella religione egizia, il dio del sole occupava una posizione di preminenza. Quando il disco solare era noto come Aten; quando il sole sorgeva, era noto come Khepri, lo scarabeo; allo zenit del sole, era noto come Re, la divinità suprema di Eliopoli; e quando il sole tramontava, era noto come Atum. Aveva molti titoli. Si ritiene che la divinità solare sia stata responsabile della costruzione di monumenti egizi come le piramidi, gli obelischi e la sfinge. Durante il Nuovo Regno in Egitto, la sfinge serviva come rappresentazione della divinità solare Re-Horakhty, che veniva raffigurata come un disco solare alato che si alzava sopra l'orizzonte al sorgere del sole. La femmina dello scarabeo depone le uova in una palla di sterco, che poi fa rotolare in una buca scavata nel terreno. Le uova si schiudono. Alla fine, è stato usato come rappresentazione del dio del sole, che si dice abbia assunto la forma di uno scarabeo mentre spingeva il sole oltre l'orizzonte per iniziare il suo viaggio quotidiano attraverso il cielo.

Il sole, che rappresenta l'illuminazione e la luce, è forse il simbolo più antico e più diffuso che si possa trovare nelle fedi antiche e contemporanee. Non deve sorprendere che gli antichi Egizi, che vivevano in un luogo dove il sole non tramontava mai, abbiano scelto il sole come rappresentazione primaria della divinità che ha creato il cosmo. La mitologia egizia è stata il sistema di credenze e la forma di base dell'antica cultura egizia almeno dal 4000 a.C. circa (come testimoniano le pratiche di sepoltura e le pitture tombali) fino al 30 a.C., quando morì Cleopatra VII, l'ultima sovrana della dinastia tolemaica. Questo segnò la fine della mitologia egizia.

Ogni aspetto della vita nell'antico Egitto era influenzato dai miti e dalle leggende che raccontavano il ruolo degli dei nella creazione e nel mantenimento dell'universo. La religione egizia influenzò le altre civiltà attraverso il trasferimento di conoscenze tramite il commercio e si diffuse in modo particolare con l'inaugurazione della Via della Seta nel 130 a.C., dato che la città portuale egiziana di Alessandria era all'epoca un importante snodo commerciale. Fu l'invenzione da parte dell'Egitto della nozione di vita infinita dopo la morte, di divinità benefiche e di reincarnazione a contribuire in modo significativo alla rilevanza della mitologia egizia per le altre civiltà.

Si dice che gli antichi filosofi greci Pitagora e Platone siano stati influenzati dalle credenze sulla reincarnazione degli Egizi e che la cultura religiosa romana abbia attinto in modo sostanziale dalla tradizione egizia oltre che da quella di altre civiltà. Gli Egizi credevano che la vita umana fosse solo una breve parentesi di un viaggio senza fine, supervisionato e diretto da poteri soprannaturali che assumevano la forma dei numerosi dei che componevano il pantheon egizio. Questa visione del mondo egizia ha plasmato la loro comprensione di ciò che significa essere umani.

Secondo gli storici, Heh, noto anche come Huh in altri tempi, era una delle divinità originarie dell'Ogdoad di Hermopolis e simboleggiava l'eternità. Secondo le credenze religiose egizie, l'eternità era lo scopo e il destino di tutta la vita umana. Era una fase dell'esistenza in cui gli esseri umani potevano raggiungere una gioia permanente. L'esistenza terrena, tuttavia, non era solo un preludio a qualcosa di più elevato, ma piuttosto una parte del viaggio completo. Gli Egizi credevano che l'aldilà fosse un riflesso della vita di una persona sulla terra (più in particolare, della sua vita in Egitto) e che, per avere un'esperienza piacevole per il resto del viaggio eterno, fosse necessario aver condotto una buona vita durante il tempo trascorso sulla terra.

2.4 L'occhio del Dio Sole

Su questo pianeta, l'umanità e le creature divine vivevano fianco a fianco sotto il dominio del dio del sole, Re, che era in realtà una versione di Atum. La razza umana è nata dal "Wedjat" o "Occhio di Re" (occhio della completezza). Questo avvenne perché l'occhio si staccò da Re e non tornò come previsto. Sia Shu che Tefnut tentarono di recuperarlo, ma esso sfidò i loro sforzi. In seguito al conflitto, l'occhio cominciò a piangere e da quelle lacrime nacquero le persone. Il motivo dell'occhio familiare è stato utilizzato in tutta la storia egizia per rappresentare il dio Atum, il dio Re e Horus, il figlio di Osiride e Iside. È un simbolo della capacità di percepire, fare luce e agire.

Il processo di riportare l'attenzione verso il suo creatore era analogo alla guarigione del pianeta e al ristabilimento della giustizia e dell'equità. La responsabilità primaria del faraone era quella di mantenere la legge e l'ordine nel mondo per evitare che il pianeta precipitasse nell'anarchia. Secondo un'altra versione del racconto della creazione, il wedjat si allontanò, spingendo Re a inviare Thoth, il dio della luna, a recuperarlo. Al suo ritorno, l'occhio scoprì che un altro occhio era stato collocato nella sua posizione precedente. Per placare l'occhio infuriato, Re lo posizionò sulla sua fronte sotto forma di ureo, noto anche come dea cobra, affinché potesse regnare sull'intero universo. Si credeva che i faraoni discendessero dalla divinità solare. Per questo motivo, portavano il segno dell'ureo sulla fronte come amuleto protettivo e per dimostrare la loro discendenza.

Capitolo 3: Il mondo mitico degli dèi e delle dee dell'Egitto

Gli dei e le dee egiziane avevano un ruolo significativo nelle attività quotidiane dell'antico popolo egizio. Non deve quindi sorprendere che il pantheon egizio contasse più di 2.000 dèi e dee. Mentre alcune di queste divinità, come Osiride, Iside, Horus, Ra, Hathor, Amun, Bastet, Thoth, Anubi e Ptah, sono ampiamente riconosciute, i nomi di molte altre non sono altrettanto noti. Le divinità più conosciute furono elevate a divinità di Stato, mentre altri dei erano legati a un luogo particolare o, in alcuni casi, a un rituale o a una posizione. Seshat era effettivamente la dea delle parole scritte e delle misure specifiche, ma era messa in ombra da Thoth, il più noto dio della scrittura e patrono degli scribi. Ad esempio, la dea Qebhet era una divinità meno nota che forniva acqua rinfrescante alle anime dei defunti in attesa del giudizio nell'aldilà. Qebhet era una divinità meno conosciuta.

Rispetto ad altre civiltà antiche, la religione egizia comprendeva uno dei pantheon di divinità più grandi e intricati. Nel corso della storia egizia, i fedeli hanno reso omaggio a un vasto pantheon di divinità, che si contavano a centinaia. Potrebbe essere difficile individuare le caratteristiche specifiche di determinate divinità. La maggior parte di loro aveva un legame primario (come il sole o il mondo sotterraneo, ad esempio) e una forma specifica. Tuttavia, esse potevano cambiare nel corso del tempo, poiché la prominenza di certe divinità aumentava e diminuiva in modi che corrispondevano ai cambiamenti della cultura egizia. Di seguito sono elencate alcune divinità essenziali da conoscere.

La consapevolezza di questi dei e dell'importanza del loro ruolo nel viaggio eterno di ogni persona ha portato allo sviluppo dell'antica civiltà egizia. Un sistema di credenze arcaico lasciò il posto a un altro fortemente antropomorfo, infuso di magia man mano che gli dei si sviluppavano nel tempo. Heka era la divinità della medicina e della magia, ma era anche il potere primordiale che esisteva prima di qualsiasi altra divinità ed era responsabile di facilitare il processo di creazione e mantenimento della vita sulla terra e nell'aldilà. Heka era colui che dava potere a Ma'at e a tutti gli altri dei e dee della religione egizia. Ma'at, che significa armonia ed equilibrio, era l'aspetto più importante della civiltà egizia ed era simboleggiato dall'omonima divinità e dalla sua piuma di struzzo bianca.

Heka era la materializzazione dell'heka, o magia, da intendersi come leggi naturali che, nella prospettiva odierna, sarebbero considerate soprannaturali; eppure, per gli Egizi, queste leggi erano proprio il funzionamento del mondo e del cosmo. Heka era la manifestazione della magia. Anche se erano gli dèi a dare agli esseri umani tutte le cose meravigliose, era heka a renderle possibili. Ciascuna divinità aveva un nome, una personalità e degli attributi distinti, indossava abiti unici, considerava sacra una varietà di oggetti, governava le proprie sfere di influenza e rispondeva agli eventi in modo profondamente personalizzato. Sebbene ogni divinità fosse esperta nel proprio campo di specializzazione, spesso interveniva in più di un aspetto dell'esistenza umana.

Per esempio, Hathor era una dea delle melodie, della danza e dell'ebbrezza; tuttavia, era anche intesa come un'antica Dea Madre. Era anche affiliata alla Via Lattea come immagine divina speculare del fiume Nilo ed era conosciuta come distruttrice in una forma precedente, quando era conosciuta come Sekhmet.

Neith era inizialmente una dea della battaglia; tuttavia, si è evoluta nell'archetipo della Dea Madre, una figura associata alla cura e all'assistenza, alla quale gli dei si rivolgevano per risolvere i loro disaccordi. Molti dei e dee dell'antico Egitto, come Set e Serket, si sono trasformati nel corso della storia per assumere nuove funzioni e compiti. Queste transizioni erano talvolta spettacolari, come nel caso di Set, che passò dall'essere un dio-protettore a un cattivo e al primo assassino nella storia del mondo. Serket era una dea madre, e la sua successiva posizione di difensore contro gli animali velenosi (in particolare gli scorpioni) e di difensore dei bambini e delle donne riflette queste qualità. Il suo nome in egiziano significa "protettrice dell'utero".

3.1 Osiride

Osiride, una delle divinità più importanti della religione egizia, era noto anche come divinità degli inferi. Nella mitologia egizia era anche associato ai concetti di morte e resurrezione, nonché alle periodiche inondazioni del Nilo, essenziali per la prosperità agricola dell'Egitto. Osiride era un monarca egizio che, secondo la storia, fu ucciso e diviso dal fratello Seth.

Seth fu anche responsabile della morte di Osiride. Sua moglie, Iside, ricompose il suo cadavere e lo riportò in vita, rendendo possibile la nascita di un figlio che sarebbe poi diventato la divinità Horus. Egli è stato raffigurato come un sovrano mummificato, con involucri che coprivano tutto il suo corpo, tranne la pelle verde che ricopriva le mani e il viso.

Osiride e Set

Osiride era responsabile dell'amministrazione efficace della terra, che condivideva con la sorella-moglie Iside. Scelse anche i luoghi dove gli alberi avrebbero prosperato al meglio e dove l'acqua sarebbe fluita più dolcemente. Costruì il paese d'Egitto in modo che fosse perfetto e il fiume Nilo fu progettato per provvedere ai bisogni del popolo. In tutto ciò che fece, operò in linea con il concetto di ma'at, che si traduce in armonia.

Mostrava rispetto per i genitori e i fratelli assicurandosi che tutto fosse in uno stato di equilibrio armonico. D'altra parte, suo fratello Set era geloso della creazione, del potere e della grandezza di Osiride. Dopo aver raccolto le dimensioni esatte di suo fratello, sotto la copertura dell'oscurità, commissionò una cassa squisita da realizzare secondo le specifiche esatte delle misure.

Una volta terminato il lavoro sul forziere, Set festeggiò con un enorme banchetto, al quale convocò Osiride e altre settantadue persone. Dopo la festa, offrì in dono il grande scrigno all'ospite più abile nell'occupare lo spazio al suo interno. Osiride, naturalmente, aveva le dimensioni esatte per entrare nella bara e, una volta dentro, Set sbatté il coperchio il più saldamente possibile prima di gettare la bara nel fiume Nilo. Poi annunciò a tutti che Osiride era morto e prese il controllo del pianeta. Iside, che non voleva accettare la morte del marito, andò a cercarlo e alla fine scoprì la bara nascosta dietro un albero vicino a Byblos. Iside impartì la sua benedizione agli abitanti del paese come ringraziamento per l'assistenza fornita nel recuperare la bara dall'albero.

Si ritiene che uno scriba abbia aggiunto questo particolare per elogiare la città, data la sua importanza per il mestiere dello scrittore. Tornò quindi in Egitto con il cadavere e iniziò a raccogliere gli ingredienti e a preparare gli elisir che avrebbero riportato in vita Osiride. Affidò alla sorella Nephthys la responsabilità di sorvegliare il luogo in cui aveva nascosto il corpo.

Durante questo periodo, Set iniziò a temere che Iside, che era estremamente forte e abile in queste cose, potesse scoprire il cadavere di Osiride e trovare un modo per resuscitarlo. Set sapeva che Iside era in grado di farlo. Quando scoprì che non c'era più, interrogò Nephthys su dove si trovasse. Quando la dea rispose, capì che era stata disonesta con lui.

Venne a sapere da lei dove era nascosto il cadavere di Osiride e si recò sul posto, dove squarciò la bara e tagliò il corpo in quarantadue pezzi. Dopodiché sparpagliò i pezzi di Osiride per il regno d'Egitto, in modo che Iside non fosse mai in grado di ritrovarli, e una volta terminato questo compito, tornò al suo palazzo per continuare a governare. Iside fu sopraffatta dal dolore quando tornò alla tomba e vide che il cadavere era stato rimosso e la bara era stata demolita. Si inginocchiò e pianse. Iside fu messa al corrente dell'accaduto da Nefti che, nonostante il rimorso per aver rivelato il segreto, promise di aiutarla a ritrovare i pezzi mancanti di Osiride.

In seguito, le due sorelle iniziarono a cercare nella zona pezzi di Osiride. Costruivano un santuario in corrispondenza di ogni parte del corpo che scoprivano e poi lo seppellivano immediatamente per tenerlo al sicuro da Set. Le due dee furono responsabili della divisione dell'Egitto nei quarantadue distretti attuali. Alla fine riuscirono a ricomporre l'intero cadavere, tranne il pene, che un pesce aveva consumato. Dopo di che, Iside modellò un nuovo pezzo per il fallo e procedette ad avere rapporti sessuali con il marito.

Di conseguenza, rimase incinta del figlio Horus. Iside era riuscita a riportare in vita Osiride, che però, non essendo completamente funzionante, non poteva controllare il mondo con la stessa efficacia del passato. Invece di ascendere al cielo, sprofondò negli inferi, dove salì al potere e divenne il giusto giudice e re del paese dei morti.

Horus (chiamato anche Horus il Giovane per distinguerlo da Horus, il fratello di Osiride) fu allevato in segreto per proteggerlo dallo zio Set e, una volta raggiunta l'età adulta, entrò in competizione con lo zio per la guida del regno che era stato di competenza del padre. Il conflitto continuò per un totale di ottant'anni, finché Horus ne uscì vittorioso e mandò Set fuori dall'Egitto a vivere negli aridi deserti del luogo. In seguito, Horus salì al trono e, con la madre Iside e la zia Nefti come consiglieri, riportò la pace e la tranquillità nella nazione.

3.2 Iside

Si dice che Iside abbia avuto origini misteriose. A differenza della maggior parte delle divinità, non è associata ad alcun luogo particolare, né vi sono prove che sia stata menzionata negli scritti dei primi egizi. Tuttavia, con il passare del tempo ha acquisito maggiore importanza, fino a diventare la dea più importante del pantheon.

Iside personificava le qualità egizie convenzionali di madre e moglie, poiché era la moglie amorevole che riportò in vita Osiride dopo il suo assassinio e allevò il loro figlio, Horus. Iside non era solo la moglie del dio degli inferi, ma era anche una divinità primaria che si occupava dei rituali per i defunti. Iside fungeva da lutto divino insieme alla sorella Nefti, e si credeva comunemente che le sue cure materne si estendessero anche a coloro che erano trapassati e risiedevano nell'oltretomba.

Iside era una delle antiche dee egiziane che furono venerate fino alla fine della storia del Paese. In epoca greco-romana era collegata alla dea greca Afrodite. Il suo culto si estendeva dalla Gran Bretagna all'Afghanistan, arrivando a ovest fino all'Afghanistan e a est fino al Regno Unito. È opinione diffusa che le immagini di Iside che si prende cura del neonato Horus abbiano influenzato l'iconografia di Maria che si prende cura di Gesù bambino nell'arte cristiana.

3.3 Seth

Seth era la divinità dell'anarchia, dello spargimento di sangue, delle terre aride e delle tempeste violente. Secondo il racconto di Osiride, è lui che ha ucciso Osiride. Gli egittologi si trovano di fronte a un problema a causa della presenza di Seth. Spesso viene rappresentato come una persona con la testa di un animale o come un animale con il corpo di un uomo. Tuttavia, hanno difficoltà a determinare che tipo di animale sia.

Nella maggior parte dei casi, ha un naso lungo e orecchie lunghe e appuntite all'estremità. Quando è in piena forma animale, ha un corpo simile a quello di un cane e una coda dritta ma con un ciuffo all'estremità. A questo punto, la maggior parte degli studiosi ritiene che un simile animale non sia mai esistito e che la creatura di Seth sia una sorta di composito leggendario.

La battaglia di Set con Horus e Osiride

Durante il Medio Regno e l'Antico Regno, l'Alto e il Basso Egitto erano rappresentati da Horus il Vecchio e Set. Spesso venivano raffigurati insieme, il che è significativo perché rappresenta l'unità dell'Alto e del Basso Egitto. Durante il Medio Regno e l'Antico Regno, l'Alto e il Basso Egitto erano rappresentati da Horus il Vecchio e Set. Erano spesso raffigurati insieme, il che è significativo perché rappresenta l'unità del Basso e dell'Alto Egitto.

Si supponeva che avrebbero continuato a combattere fino alla fine del tempo, quando Maat si sarebbe frantumata e le acque di Nun, che rappresentano il caos, avrebbero avvolto il globo. Nonostante i loro sforzi, nessuna delle due parti riuscì a prevalere nel loro conflitto. Tuttavia, dopo che Set fu reimmaginato come un essere malvagio, la narrazione passò a riflettere che Horus era uscito vittorioso dal loro conflitto, a significare che le forze del bene avevano infine prevalso sul male. Gli storici hanno discusso se il conflitto tra Horus e Set fosse o meno una rappresentazione mitica dello sforzo di consolidare il potere in Egitto sotto la guida di un unico monarca.

Questa argomentazione suggerisce che, dal momento che gli aderenti a Horus furono vittoriosi, Set fu relegato a un ruolo secondario nella società egizia. È importante osservare che il nome del faraone Sekhemhib era raffigurato in un serekh sormontato da un animale di Set piuttosto che da un falco (che rappresenta Horus), mentre il nome di Khasekhemwy era presentato in un serekh che presentava sia un animale di Set che un falco.

Ciò è stato considerato una prova che la lotta tra il Basso e l'Alto Egitto era stata vinta e che il faraone intendeva placare entrambe le parti. Questa è stata considerata una prova. Set è sempre stato violento e imprevedibile, anche da bambino. Secondo le scritture piramidali, non seguì lo stesso processo di parto degli altri fratelli e si strappò ferocemente dal grembo della madre. Set nutriva sentimenti di invidia nei confronti del fratello Osiride.

Ci sono due possibili spiegazioni per questa gelosia. La prima è che quando Geb abdicò al suo regno in Egitto, Osiride fu elevato alla posizione di faraone. Set riteneva che avrebbe dovuto essere onorato con questo riconoscimento e desiderava prendere il trono per sé. La seconda spiegazione è che, secondo un racconto, sua moglie Nefti ingannò Osiride per avere un rapporto sessuale con lei, fingendo di essere sua sorella Iside, che era già sposata con Osiride. Di conseguenza, diede alla luce Anubi, che era figlio di Osiride. È facile capire perché Set fosse sconvolto dalle circostanze, ma covava il suo risentimento per il fratello Osiride, che era più attraente della donna adultera con cui era sposato. Set decise che suo fratello doveva morire, indipendentemente dal motivo.

Egli organizzò un grande pranzo, apparentemente in onore di Osiride, e presentò uno scrigno magnificamente intagliato a chiunque degli ospiti potesse essere ospitato all'interno dei suoi confini. Naturalmente, il forziere fu costruito in modo che Osiride potesse entrarvi; tuttavia, dopo averlo fatto, i discepoli di Set sigillarono il coperchio con dei chiodi e gettarono il forziere nel Nilo.

Iside cercò con successo lo scrigno e lo portò con sé in Egitto. Set, invece, trovò lo scrigno e procedette allo smembramento del corpo del fratello, spargendo i vari componenti sul territorio. Iside e Nepthys iniziarono a cercare i frammenti di Osiride, ma non riuscirono a trovare il suo pene. Questo contrattempo non scoraggiò Iside, che procedette a riunire le parti per concepire suo figlio, Horus.

Maturando, entrò in conflitto con Set, assumendo così, a tutti gli effetti, il ruolo di Horus il Vecchio nel ruolo di avversario di Set. Questo portò all'incomprensione tra Horus il Vecchio e Horus figlio di Iside, e la posizione di Set cambiò dall'essere uguale a suo fratello Horus il Vecchio all'essere lo zio malvagio di suo nipote Horus, il bambino. Horus il Vecchio e Horus, il figlio di Iside, si chiamavano entrambi Horus.

Le antiche divinità egizie richiedevano una notevole quantità di devozione. Sia il "Libro dei Morti" che le iscrizioni sulle pareti sono ricchi di informazioni sui riti e sui rituali eseguiti per determinate divinità. Ogni giorno i sacerdoti erano responsabili della cura delle sculture che raffiguravano gli dei come individui viventi. Durante una cerimonia quotidiana nota come "apertura della bocca", i sacerdoti sacrificavano cibo alla statua sia al mattino che alla sera. La vestivano con biancheria pulita, le donavano nuovi gioielli e la truccavano di nuovo. All'interno dei templi, questi riti venivano svolti in santuari, accessibili solo ai faraoni e ai sacerdoti. Il pubblico in generale era completamente all'oscuro di ciò che accadeva all'interno di questi spazi sacri.

3.4 Re

Re era una delle numerose divinità legate al sole e spesso veniva rappresentato con il corpo di un uomo e la testa di un falco. Si pensava che ogni giorno attraversasse il cielo su una barca e che ogni notte viaggiasse negli inferi, dove avrebbe dovuto sconfiggere il dio dei serpenti, Apopis, per poter risorgere. Si credeva che facesse questo ogni giorno.

Eliopoli, oggi un sobborgo del Cairo, era l'epicentro spirituale della religione di Re. Col tempo, Re fu associato ad altre divinità solari, in particolare ad Amon.

3,5 Ptah

Ptah era la divinità più importante della triade che veniva venerata a Memphis. La moglie di Ptah, la dea Sekhmet, raffigurata con la testa di leone, e la divinità Nefertem, figlio della coppia, costituivano gli altri due membri della triade. Sembra che Ptah sia stato inizialmente associato ai commercianti e ai lavoratori edili.

Deificato come figlio di Ptah dopo la sua morte, Imhotep fu un architetto vissuto durante la IV dinastia. Alcuni studiosi ritengono che il termine Hwt-Ka-Ptah, utilizzato per uno dei templi di Ptah, sia stato corrotto nella parola greca Aiguptos, da cui deriva il nome Egitto. Diversi ricercatori hanno proposto questa teoria.

3.6 Hathor

Nella maggior parte delle raffigurazioni, la dea Hathor è rappresentata come una mucca, una donna con il cranio di una mucca o una donna con le orecchie di una mucca. Può anche essere raffigurata come una donna con il cranio di una mucca. Si pensava che Hathor proteggesse le donne durante il parto, poiché personificava la maternità e la fertilità. Inoltre, era conosciuta come "la signora dell'ovest", che era una componente essenziale della sua eredità funeraria. (Secondo alcune credenze, Hathor salutava il sole al tramonto di ogni giorno; le persone ancora in vita pensavano di essere accolte allo stesso modo nell'aldilà.

3.7 L'importanza del Ma'at

Anche se ci sono molte interpretazioni distinte di questo mito, l'aspetto che è coerente in tutte è l'idea che l'armonia sia turbata e debba essere riportata in equilibrio. Il valore del ma'at è alla base di tutta la mitologia egizia e ogni racconto, in una forma o nell'altra, dipende da questo concetto per il suo significato. Secondo l'autrice e storica Jill Kamil, "la narrazione ha svolto un ruolo importante nella vita degli antichi egizi". Le imprese degli dei e dei re non esistevano inizialmente in forma scritta, ma venivano trasmesse oralmente da una generazione all'altra fino a quando non venivano messe per iscritto.

È importante notare che, indipendentemente dall'epoca in cui le storie sono state scritte per la prima volta, l'idea di ma'at, che può essere tradotta come "equilibrio armonioso", si trova al centro di tutte. È ben nota la storia di come la malvagia bestia simile a un drago, nota come Apep (Apophis), sia stata sconfitta nonostante la sua presenza all'orizzonte. Ogni giorno, quando il sole stava tramontando, cercava di bloccare il percorso del sole al tramonto mentre viaggiava attraverso il mondo sotterraneo. Un tramonto rosso sangue significava una dura guerra tra le forze opposte, ma il sole era il vincitore e c'era sempre una nuova alba. Se il cielo era sereno, suggeriva un viaggio facile. Se il cielo era nuvoloso, indicava un viaggio difficile.

Gli egizi raccontavano storie su come la flora che moriva con il raccolto si reincarnava quando il grano cresceva, così come il dio del sole "moriva" ogni sera e rinasceva il mattino successivo. Si presumeva che tutto nel cosmo fosse mantenuto in un equilibrio permanente senza un terminale, e poiché gli esseri umani erano considerati parte di quell'universo, anch'essi erano considerati parte di questo equilibrio perenne. Heka, il potere fondamentale che esisteva prima della creazione e che rendeva possibile tutti gli elementi dell'esistenza, era responsabile di rendere possibile l'esistenza di ma'at. Heka era il nome della divinità che personificava la forza magica che permetteva agli dèi di svolgere le loro funzioni e di mantenere tutta la vita.

Questo potere, personificato in Heka, permetteva anche all'anima di passare dall'esistenza terrena a quella ultraterrena. Si credeva che una volta che l'anima si fosse allontanata dal corpo al momento della morte, sarebbe apparsa nella Sala della Verità per affrontare Osiride per il giudizio. Su una bilancia d'oro, il cuore del defunto veniva misurato con la piuma di Ma'at, che era bianca. Se si stabiliva che il cuore era più leggero della piuma, l'anima otteneva il permesso di andare nel Campo dei Giunchi, luogo di purificazione e di felicità eterna.

Se il cuore pesava più della piuma, veniva gettato a terra, dove veniva divorato dalla creatura nota come Ammut (il ghiottone), con la conseguente distruzione dell'anima. Nonostante l'esistenza di una nozione di inferi, non esiste un "inferno" nel senso in cui lo intendono le fedi monoteistiche contemporanee. Gli Egizi credevano che l'aldilà sarebbe stato eternamente nero e che avrebbero perso i sensi. Questo perché entrambe le caratteristiche erano in contrasto con la trasmissione ordinata della luce e del movimento che si vede nel cosmo.

L'esistenza, l'essere parte del viaggio globale, iniziato con Atum e il Ben-Ben, era lo stato intrinseco di un'anima. L'idea di essere per sempre staccati da quel percorso, di non esistere, era molto più terrificante per un antico egizio di quanto potesse esserlo qualsiasi abisso di sofferenza; anche in un regno di angoscia perenne, si viveva ancora. L'esistenza era la condizione naturale dell'anima. Sebbene in Egitto sia nata l'idea di un mondo sotterraneo analogo alla nozione cristiana di inferno, essa non era affatto universalmente accettata.

In Egitto tutti erano destinati a trascorrere l'eternità nell'aldilà, indipendentemente dal sesso o dall'età. Questa convinzione permeava la prospettiva del popolo e lo dotava di uno speciale zelo per la vita che non aveva eguali in nessun'altra parte del mondo antico. Questa esuberanza per la vita si rifletteva nell'antica mitologia egizia, che a sua volta è servita da ispirazione per gli enormi templi e monumenti che oggi costituiscono una parte così importante del patrimonio dell'Egitto. Il fatto che l'apprezzamento per la mitologia egizia e per la società che ha influenzato sia durato così a lungo è una testimonianza della potenza del messaggio di incoraggiamento alla vita insito in queste antiche storie.

Thoth

È stato possibile mostrare Thoth, la divinità egizia della scrittura e dell'intelligenza, come un babbuino, un ibis sacro, un uomo con la testa di un ibis o addirittura come un uomo con il corpo di un babbuino. Si pensava che fosse responsabile dello sviluppo del linguaggio e della scrittura geroglifica e che agisse come scriba e consulente degli dei.

Si credeva che, in quanto dio della saggezza, Thoth avesse una conoscenza della magia e dei misteri a cui gli altri dei non avevano accesso. Si rappresenta che Thoth, il dio degli inferi e il giudice dei defunti dopo la morte, sia colui che dà a Osiride, il dio dei morti, il giudizio dopo aver pesato il cuore del defunto e averglielo riferito. Questi eventi si svolgono nel mondo sotterraneo.

3.8 Amun (Amun-Ra)

Una delle divinità più influenti e conosciute dell'antico Egitto, Khonsu era anche la divinità protettrice della città di Tebe, dove era onorato come membro della triade tebana insieme ad Amon e Mut. In diversi periodi storici, era il sovrano supremo degli dèi. In origine era venerato come divinità minore della fertilità. All'epoca del Nuovo Regno, si pensava che fosse la divinità più potente dell'Egitto e il suo culto si stava avvicinando pericolosamente al monoteismo. Durante questo periodo storico, si pensava addirittura che le altre divinità fossero solo parti diverse di Amon. Il rango di Moglie del Dio di Amon, assegnato alle dame reali, era praticamente pari a quello del faraone durante il suo regno. Il suo sacerdozio era il più potente di tutto l'Egitto.

3.9 Bastet

Strepitosa dea dei felini, dei segreti femminili, del parto e della fertilità, nonché custode del focolare e della casa contro qualsiasi danno o tragedia che possa colpirli. Era figlia di Hathor, con la quale aveva un forte legame. Il nome del padre era Ra. Nell'antico Egitto, Bastet era considerata una delle divinità più importanti. Sia gli uomini che le donne portavano talismani associati alla sua religione e la veneravano allo stesso modo.

La vittoria dei Persiani nella battaglia di Pelusio del 525 a.C. fu dovuta in gran parte alla devozione degli Egizi per la dea Bastet. Ciò diede ai Persiani un vantaggio significativo sugli avversari egiziani. Sapevano che gli egiziani si sarebbero arresi piuttosto che far arrabbiare la loro dea Bastet, così ne dipinsero le rappresentazioni sui loro scudi e guidarono anche degli animali davanti al loro esercito. La dea è spesso raffigurata come un gatto o come una donna con la testa di gatto e la città di Bubastis era l'epicentro del suo culto.

3.10 Anubi

Era il padre di Qebhet e il figlio di Nefti e Osiride. Anubi è spesso raffigurato come una figura umanoide con la testa di sciacallo o di cane che tiene in mano un bastone. Nell'aldilà, era un elemento integrante della cerimonia nota come Pesatura del Cuore dell'Anima, in cui conduceva le anime dei defunti recenti alla Sala della Verità. Prima che Osiride assumesse l'incarico di Dio dei Morti, molto probabilmente era lui stesso a ricoprire questo ruolo. Dopo che Osiride assunse questo ruolo, fu nominato figlio di Osiride.

3.11 Anat

La sessualità, la fertilità, l'amore e i conflitti sono tutti governati da questa dea. La sua ascendenza era di origine siriana o cananea. In alcuni scritti è raffigurata come la Madre degli dèi, in altri come una vergine e in altri ancora come sensuale e seducente e come la dea più bella. Alcuni la chiamano "Madre degli dèi". In una versione della storia intitolata "Le contese di Horus e Set", è la dea Neith a suggerire a Set di prenderla in moglie. Spesso viene equiparata alla dea greca Afrodite, alla dea fenicia Astarte, alla dea mesopotamica Inanna e alla dea ittita Sauska.

3,12 Apep

Ogni notte, il serpente celeste noto come Apep attaccava la chiatta solare di Ra mentre viaggiava attraverso il mondo sotterraneo nel suo cammino verso il mattino. Ra si faceva aiutare dagli dèi e dai giusti defunti nella sua lotta contro il serpente. Per aiutare gli dèi e gli spiriti dei defunti a sorvegliare la chiatta e ad assicurare l'arrivo del giorno, nei templi si svolgeva la cerimonia nota come il rovesciamento di Apofis.

3.13 Bat

Un'antica divinità che rappresenta la mucca ed è legata alla fertilità e alla prosperità. Risale all'inizio del periodo predinastico, il che la rende una delle prime raffigurazioni di una divinità egizia (6000-3150 a.C. circa). Bat è raffigurato come una mucca o una donna con orecchie e corna di mucca, ed è molto probabilmente l'immagine in cima alla Paletta di Narmer (circa 3150 a.C.) perché era collegata alla prosperità del monarca. Grazie alla sua capacità di vedere sia il passato che il futuro, era in grado di donare prosperità a coloro che la circondavano. A un certo punto fu assimilata da Hathor, che ne assunse le sembianze e gli attributi.

3,14 Anuke

Antica dea egizia della battaglia, era anche una delle prime divinità egizie. Era spesso considerata come Anhur, il dio egizio della guerra. In seguito, è stata identificata con Nefti e Iside, in misura minore, e in varie fonti viene indicata come la loro sorella minore. La sua associazione con queste due dee è avvenuta nel corso del tempo. Le prime immagini di Diana la mostrano armata per la guerra con arco e frecce, ma con il tempo si è evoluta nel ruolo di Dea Madre e simbolo di nutrimento. Gli antichi greci la identificavano con la dea Hestia.

3,15 Atum

La divinità del sole, conosciuta anche come il re supremo degli dèi, il primo dio dell'Enneade (un tribunale composto da nove divinità) e colui che ha creato il cosmo e gli esseri umani. Atum, noto anche come Ra, è il primo essere divino e si dice che si trovò sul tumulo primordiale in mezzo al caos e attinse ai poteri mistici di Heka per generare tutti gli altri dèi, nonché gli esseri umani e la vita sulla terra.

3.16 Asclepio

Uno degli dèi della guarigione per i Greci era onorato anche in Egitto, a Saqqara, dove era legato a Imhotep dopo essere stato divinizzato. Il suo emblema, che potrebbe essere stato preso dalla divinità Heka, era un bastone con un serpente attorcigliato intorno. Questo emblema, che in epoca contemporanea è noto come Bastone di Asclepio, è legato al concetto di guarigione e alla professione medica.

3,17 Bennu

Una divinità aviaria a cui ci si riferisce più spesso con il nome di Uccello di Bennu. Questo uccello è venerato come l'uccello divino della creazione ed è servito da modello per la fenice greca. Esisteva un forte legame tra l'uccello di Bennu e gli dèi Atum, Ra e Osiride. Era presente all'inizio della creazione come manifestazione di Atum (Ra), che piombò sui mari primordiali e risvegliò la creazione con il suo grido. Era presente al momento della creazione.

Dopo di che, decideva cosa avrebbe fatto parte della creazione e cosa no. Poiché l'uccello era intimamente legato al sole, che moriva ogni notte e riemergeva il mattino seguente, l'immagine della rinascita venne associata a Osiride. Questo portò all'identificazione dell'uccello con Osiride.

3.18 Divinità delle caverne

Insieme di divinità senza nome che risiedevano nelle caverne del mondo sotterraneo e avevano il compito di punire i malfattori e di assistere gli spiriti di coloro che avevano vissuto rettamente nella morte. Sono descritti come serpenti o cose che assomigliano a serpenti nell'incantesimo 168 del Libro egizio dei morti, e le loro rappresentazioni sono serpenti o cose che assomigliano a serpenti. L'incantesimo è spesso chiamato "Incantesimo delle dodici grotte" e include istruzioni sul tipo di doni da lasciare alle grotte. Il popolo egiziano poneva fuori dalle grotte ciotole di cibo e altre offerte per loro.

3,19 Bes (Aha o Bisu)

Oltre a essere conosciuto come il dio dei nani, questa divinità è associata al parto, alla sessualità, alla fertilità, all'umorismo e alla battaglia. È conosciuto come una delle divinità più famose della storia egizia. Nella mitologia egizia è stato un protettore di donne e bambini, un combattente contro il male e un campione della legge divina e della giustizia. Sebbene sia spesso raffigurato più come uno spirito (un "demone", anche se non nel senso moderno del termine) che, come una divinità, era considerato sacro come dio e raffigurato su una serie di oggetti che si trovavano quotidianamente nelle case egizie, come mobili, riflettori e manici di coltello. Inoltre, a volte viene definito "demone".

Sua moglie era Taweret, la dea delle nascite e della fertilità che aveva le sembianze di un ippopotamo. Bes è spesso rappresentato come un nano basso e robusto, con barba, orecchie enormi e genitali sporgenti. Ha anche un sonaglio in mano. È sempre raffigurato in piedi, in posizione protettiva frontale, mentre sorveglia coloro che sono affidati alle sue cure.

3.20 Traghettatore celeste (Hraf-haf)

"Colui che guarda dietro di sé", lo scorbutico barcaiolo che trasportava le anime dei giusti defunti dalle spiagge del Lago dei Gigli alle rive del cielo nel Campo dei Giunchi, era conosciuto come "Colui che guarda dietro di sé". Poiché Hraf-haf era maleducato e sgradevole, l'anima doveva trovare un metodo per rispondere in modo rispettoso per poter accedere al paradiso. Hraf-haf è spesso rappresentato come un uomo seduto su una barca con la testa rivolta verso la parte posteriore dell'imbarcazione.

3.21 Horus

Una divinità aviaria che salì alla ribalta nell'antico Egitto e divenne una delle divinità più importanti. Già durante la Prima dinastia, il dio egizio Horus, associato al sole, al cielo e alla forza, iniziò a essere associato al monarca dell'Egitto (3150-2890 a.C. circa). Sebbene il termine "Horus" possa riferirsi a diverse divinità degli uccelli, è più spesso usato per indicare due di queste divinità: Horus il Vecchio, che fu uno dei primi cinque dei a nascere all'inizio della creazione, e Horus il Giovane, che era il figlio di Osiride e Iside. Horus il Giovane fu una delle divinità più importanti in Egitto, come risultato diretto dell'impennata di popolarità del mito di Osiride.

Nel mito, Horus viene allevato dalla madre nelle zone umide del Delta dopo che il padre Osiride viene ucciso dal fratello Set. Quando raggiunge l'età adulta, sfida lo zio a combattere per il regno e alla fine ne esce vittorioso, riportando l'ordine nella nazione.

Con alcune eccezioni di rilievo, tutti i sovrani dell'Egitto stabilirono un legame con Horus durante la loro vita e con Osiride dopo la loro morte. Si credeva che il monarca fosse una manifestazione vivente della divinità Horus e che il dio elargisse tutte le sue benedizioni al suo popolo attraverso il sovrano. Nella maggior parte delle raffigurazioni, sembra essere un essere umano con la testa di un falco; tuttavia, può anche assumere la forma di una varietà di altri animali. Il falco e l'Occhio di Horus sono considerati i suoi totem.

Capitolo 4: I mortali egiziani che hanno fatto la storia

La storia è piena di figure egiziane che hanno cambiato e plasmato la forma della storia egiziana, influenzandone la cultura, la civiltà, l'amministrazione e la guerra. Cleopatra era la seconda figlia di Tolomeo XII e della sua consorte, Cleopatra V. Una parte significativa di ciò che sappiamo su Cleopatra è stata scritta decenni dopo la sua morte, in un momento in cui era politicamente conveniente dipingerla come un pericolo per Roma e per la stabilità di Roma. Imhotep fu il principale ministro, saggio, visir, architetto, consigliere capo e astrologo di Djoser. Ha ricoperto anche queste funzioni.

Djoser fu il secondo faraone della terza dinastia egizia. In seguito, fu venerato come divinità della medicina sia in Egitto che in Grecia, dove fu identificato con il dio greco della ricerca medica, Asclepio. Djoser governò l'Egitto durante il periodo noto come Primo Periodo Intermedio. Sia gli studiosi che il pubblico in generale hanno mostrato un notevole interesse per il periodo della storia egizia noto come periodo di Amarna. È possibile che la natura instabile del regno di Akhenaton abbia avuto un ruolo, almeno in parte, in questo. Nel 1353 a.C. Akhenaton divenne faraone d'Egitto e prese il controllo del Paese.

4.1 La fine di un'epoca per Cleopatra

Cleopatra era la seconda figlia di Tolomeo XII e della sua consorte, Cleopatra V. In tutto la coppia ebbe cinque figli. La sua nascita avvenne nella prima parte del 69 a.C., all'incirca all'inizio dell'anno. Le giovani donne reali del periodo tolemaico avevano un'istruzione eccellente, poiché la Biblioteca di Alessandria e il vicino Mouseion erano importanti centri di apprendimento per tutto il periodo. Aveva una formazione in medicina e riceveva un'istruzione privata in retorica, filosofia e oratoria.

Plutarco racconta che imparò numerose lingue oltre al greco, tra cui il trogodita, l'etiope, l'ebraico, il partico, il siriano, l'arabo e il mediano. Era una linguista di talento. Non c'è dubbio che leggesse l'egiziano, il greco e il latino, oltre a forse altre lingue.

Quando Cleopatra era giovane, suo padre cercò di proteggere il suo controllo in Egitto, in via di estinzione, pagando importanti romani. Questo avvenne durante i primi anni di Cleopatra. Suo padre partì da Roma nel 58 a.C. per evitare l'ira dei suoi sudditi a causa del crollo dell'economia. Cleopatra, che allora aveva circa nove anni, lo accompagnò sicuramente.

Una parte significativa di ciò che sappiamo su Cleopatra è stata scritta decenni dopo la sua morte, in un momento in cui era politicamente conveniente dipingerla come un pericolo per Roma e per la stabilità di Roma. Di conseguenza, è possibile che alcune delle cose che sappiamo su Cleopatra siano state esagerate o male interpretate dalle fonti da cui le abbiamo tratte. Uno degli autori antichi che raccontano la sua storia, Cassio Dio, riassume la sua vita dicendo: "Catturò i primi due romani del suo tempo, ma a causa del terzo si uccise".

Il dominio dei Tolomei terminò quando l'Egitto fu annesso da Roma e trasformato in una provincia. Questo è un fatto certo. I figli di Cleopatra furono inviati a Roma in questo periodo. In seguito, Caligola fece mettere a morte Tolomeo Cesarione, mentre gli altri figli di Cleopatra scomparvero improvvisamente dalle cronache storiche e si presume che siano morti. Cleopatra Selene, figlia di Cleopatra, sposò Giuba, re di Numidia e Mauritania, ed ebbe una figlia di nome Cleopatra.

4.2 Imhotep

Imhotep fu il principale ministro, saggio, visir, architetto, consigliere capo e astrologo di Djoser. Djoser fu il secondo re della terza dinastia egizia e in seguito fu venerato come divinità della medicina sia in Egitto che in Grecia, dove fu equiparato al dio greco della scienza medica, Asclepio. A lui si attribuisce la progettazione della piramide a gradoni eretta nella necropoli di Aqqrah a Memphis. La piramide si innalza per 200 piedi di altezza su sei livelli ed è la più antica struttura in pietra sbozzata sopravvissuta al mondo. Un'iscrizione con il nome di Imhotep su una statua di Djoser scoperta vicino alla piramide di Aqqrah attesta il suo alto status alla corte di Djoser.

L'iscrizione riporta numerosi titoli, tra cui quello di capo dei veggenti e di capo degli scultori. Il mago capo della corte del faraone fungeva spesso da medico di punta del Paese per tutto l'Antico Regno (2575 ca. - 2130 a.C.), anche se non sono state scoperte testimonianze storiche che menzionino Imhotep come medico praticante. Tra i forti indicatori del fatto che Imhotep poteva essere un medico di notevole talento vi sono la sua reputazione di genio regnante dell'epoca, il suo status a palazzo, la sua formazione come scriba e il fatto che solo 100 anni dopo la sua morte venne considerato un semidio della medicina.

Imhotep fu elevato a divinità a tutti gli effetti solo dopo la conquista persiana dell'Egitto, nel 525 a.C.

A quel tempo, Imhotep sostituì Nefertem nella grande triade di Memphis, che condivideva con i suoi mitici genitori Sekhmet, la dea della pestilenza e della guerra, e Ptah, il dio creatore. Imhotep era venerato insieme a Ptah e Sekhmet. Il culto di Imhotep raggiunse il suo apice durante l'epoca greco-romana. Durante questo periodo, i suoi templi sull'isola di Philae, nel fiume Nilo, e a Memphis erano spesso affollati di malati che vi dormivano e pregavano, sperando che la divinità fornisse loro in sogno le soluzioni ai loro disturbi. L'unica altra persona egizia a ottenere l'onore della divinizzazione assoluta fu il filosofo e ministro della XVIII dinastia Amenhotep. Imhotep è tuttora tenuto in grande considerazione dai medici, che lo considerano "il primo simbolo di medico a risplendere vividamente dalle nubi dell'antichità".

4.3 Akhenaton, il re che stravolse la tradizione

Pochi sovrani in tutta la storia egiziana sono stati così divisivi come Akhenaton, che regnò per tutta la XVIII e XIX dinastia. Il periodo che ha circondato il regno di questo faraone egiziano è stato segnato da disordini sociali, politici e religiosi di dimensioni raramente riscontrabili in altri Paesi. In poco meno di vent'anni di regno, Akhenaton apportò cambiamenti significativi alla religione egizia, riformò lo stile artistico reale, trasferì la capitale dell'Egitto in un luogo mai abitato prima, introdusse un nuovo stile architettonico e si sforzò di eliminare i titoli e le illustrazioni di alcune delle divinità più antiche dell'Egitto.

Quest'epoca della storia egizia, nota come periodo di Amarna, ha suscitato un grande interesse da parte degli studiosi e del pubblico in generale. In parte ciò può essere attribuito al carattere turbolento del governo di Akhenaton. Nel 1353 a.C., Akhenaton salì al comando come faraone d'Egitto. Durante la XVIII dinastia egiziana, il Nuovo Regno, Akhenaton governò sull'Egitto per circa 17 anni. La nuova religione sviluppata da Akhenaton e incentrata sull'Aten lo portò all'attenzione dei ricercatori contemporanei. Questa immagine si è evoluta fino a essere rappresentata come un disco solare nella nuova religione di Akhenaton. È meglio definita come la luce creata dal sole stesso. Amenhotep IV fu il nome con cui il re salì al trono per la prima volta, ma decise di modificare il suo titolo in uno che esprimesse più accuratamente le sue convinzioni religiose nel quinto anno di regno.

Poco dopo aver raggiunto questa prima significativa pietra miliare, Akhenaton diede inizio a diversi cambiamenti nella religione, nell'arte e nella scrittura egizia, che si associarono alle celebrazioni della divinità padre, Amenhotep III, e dell'Aten. Questi cambiamenti furono in gran parte attribuiti al fatto che Akhenaton stava cercando di creare una religione più unificata. Ma cos'era esattamente questa nuova religione che ispirò Akhenaton a stravolgere tanti aspetti della civiltà egizia? Gli egittologi hanno dedicato molto tempo a dibattere sulla natura della metamorfosi di Akhenaton, poiché le risposte si trovano nell'ambiguità. Gli studiosi hanno difeso molte scuole di pensiero, dal monoteismo all'enoteismo, all'agnosticismo e a tutte quelle intermedie. Tuttavia, una cosa che non può essere contestata è che questa nuova religione elevò l'Aten al ruolo di dio di stato e concentrò la maggior parte della propria adorazione sull'Aten.

Per cambiare ulteriormente il regno religioso dell'Egitto, Akhenaton perseguitò alcune vecchie divinità, la più importante delle quali era Amon, che era stato la divinità sovrana dell'Egitto per una parte significativa della XVIII dinastia. Intorno al quarto anno di regno di Akhenaton, il faraone ordinò ai suoi agenti di rimuovere i nomi e le raffigurazioni di specifiche divinità da tutti i libri e i monumenti esistenti in Egitto. Akhenaton introdusse questo nuovo metodo di approccio alla religione, che si diffuse rapidamente in altri settori della società egizia, in particolare in quello artistico. Le prime opere commissionate dal monarca furono eseguite nel convenzionale stile tebano, utilizzato da quasi tutti i faraoni della XVIII dinastia che lo avevano preceduto.

D'altra parte, quando introdusse nuovi punti di vista teologici, l'arte reale cambiò gradualmente per rappresentare i principi dell'ateismo. L'aspetto della famiglia reale ha subito alcune delle trasformazioni più significative. Le teste divennero molto più grandi di quanto sarebbero state nel disegno convenzionale, e i colli le sostenevano, allungati e sottili.

I membri della famiglia reale iniziarono ad assumere un aspetto più androgino, che a volte rendeva difficile distinguere la regina Nefertiti da Akhenaton. Labbra enormi e nasi lunghi segnavano i loro tratti, gli occhi si socchiudevano e i loro corpi rivelavano spalle e fianchi stretti, torsi corti e leggermente concavi, cosce, natiche e pance enormi. Le spalle e i fianchi stretti definivano anche i loro volti.

Il culmine di queste misure di rivoluzione culturale fu la decisione di Akhenaton di trasferire la capitale dell'Egitto da Tebe a una località precedentemente vacante che chiamò Akhetaton (l'attuale Tell el Amarna). Questo nome significa "il luogo in cui l'Aten diventa efficace". Durante il quinto anno di governo di Akhenaton, il faraone disse di aver "trovato" il sito della futura capitale dell'Egitto. Il re proclamò che l'Aten si era mostrato per la prima volta sul posto e che l'Aten aveva scelto questo luogo per apparire al monarca. Sembra che il nome Armana sia stato scelto in parte perché le scogliere che circondano la nuova città ricordano il segno Axt, che può essere tradotto come "orizzonte". Per accelerare il processo di costruzione della città, furono sviluppati dei blocchi di costruzione più piccoli, noti come talatat. Questi blocchi furono progettati per essere più semplici da usare per i dipendenti inesperti.

Dopo quasi tre anni, la maggior parte delle strutture amministrative e di altro tipo della città furono finalmente completate. La conclusione del regno di Akhenaton è avvolta nel mistero. Dato che questa è la data più recente che si possa documentare per il regno del re, è molto probabile che egli sia morto durante il suo 17° anno di regno. Ma i dubbi circondano la sua morte.

In primo luogo, la ragione della morte di Akhenaton è un mistero, soprattutto perché non è certo che le sue ossa siano mai state recuperate. Il fatto che la tomba reale di Akhenaton ad Amarna non prevedesse una sepoltura reale solleva il problema di cosa ne sia stato del cadavere dopo la sua presunta sepoltura. Poiché la tomba KV55 nella Valle dei Re conteneva numerosi corredi appartenenti ad Akhenaton e ad altri personaggi del periodo di Amarna, come la bara in cui sono stati ritrovati i resti, diversi studiosi hanno ipotizzato che lo scheletro potesse appartenere ad Akhenaton. Queste ipotesi sono state suffragate dal fatto che la tomba conteneva la bara in cui sono stati rinvenuti i resti.

La religione dell'Aton

Le dottrine teologiche che Akhenaton sosteneva nel suo culto dell'Aton non sono spiegate a lungo altrove nella documentazione storica. Esse devono essere ricostruite in gran parte dalla simbologia delle esenzioni dei monasteri e delle stele che lo ritraggono con la sua divinità, nonché dall'unico lungo e complesso testo religioso rinvenuto a Tell el-Amarna, che è stato conservato in molte scene di offerta conservate a Karnak e a Tell el-Amarna, Akhenaton non è raffigurato faccia a faccia con il suo dio. Viene invece mostrato mentre solleva offerte al disco del sole in cielo, che lo pulisce con i suoi raggi. Queste pratiche tradizionali di offerta avrebbero visto Akhenaton faccia a faccia con il suo dio. delle tombe private. Ciò consentirà di ricreare nel modo più accurato possibile gli originali.

Nella religione di Akhenaton, la divinità principale non ha una bocca per parlare, quindi è impossibile avere i dialoghi reciproci comunemente rappresentati nelle scene convenzionali dei templi che convalidano le benedizioni pronunciate dagli dèi. Questo tipo di dialoghi convalida le benedizioni pronunciate dagli dèi. I titoli e i nomi di Aton, così come quelli di

Akhenaton e della sua famiglia, che sono spesso raffigurati insieme e su sculture in pietra di offerte provenienti da ville private, sono quindi gli unici nomi e titoli che compaiono nei testi del tempio in modo quasi completo.

Anche se l'Aton è illustrato come entità fisica del sole, la sua identità è ancora collocata all'interno di cartigli, il che rappresenta una distinzione piuttosto standard di regalità anziché di divinità. Inoltre, è descritto come "uno che è nel suo giubileo", una celebrazione pensata principalmente per i re.

Sebbene si ritenga che l'Aton abbia creato il mondo per l'umanità, l'obiettivo finale della creazione era veramente il re stesso, di cui si sottolinea la relazione stretta e privilegiata con la sua divinità. Ciò suggerisce che l'Aton abbia creato l'universo per il monarca e non per l'umanità. La conoscibilità e la rivelazione divina sono esclusive di Akhenaton, e l'inno non tenta di spiegare i segreti della divinità in alcun modo, forma o modo.

L'Inno di Aton è, di per sé, soprattutto un'appassionata rappresentazione del funzionamento della natura. Identifica il disco solare come forza motrice della vita, notando che il sorgere quotidiano del sole rinvigorisce tutti gli esseri viventi sulla terra, mentre la discesa notturna del sole fa sì che tutte le specie si ritirino a dormire.

Capitolo 5: La visione egizia della vita, dell'aldilà e degli inferi

In misura notevolmente maggiore rispetto ai mesopotamici e ai greci, gli egizi avevano una malsana preoccupazione per la morte e l'aldilà. Era comune prepararsi alla morte per tutta la vita, con l'aspettativa che la responsabilità sarebbe continuata oltre la morte. Per questo motivo gli egiziani mummificavano i loro cadaveri, riempivano le loro tombe con oggetti dell'aldilà e inviavano le loro suppliche a centinaia di divinità, che dovevano essere placate con canti, cerimonie e doni. Gli egiziani sostengono che le loro case sono residenze temporanee e le loro tombe sono residenze permanenti. Gli Egizi pensavano che la vita e la morte fossero un ciclo continuo che si verificava ogni giorno con il tempo, l'alternarsi delle stagioni e l'ascesa e la caduta dei monarchi.

Esistono risme di libri dedicati al tema della morte. "Se pronunci il nome del defunto, lo riporterai in vita". Si dice che "ridare vita a qualcuno che è scomparso" si possa ottenere pronunciando il nome del defunto. Le iscrizioni trovate nell'antico Egitto supportano questa interpretazione. Gli antichi egizi credevano in un aldilà con un giudizio che si svolgeva lì, millenni prima che i cristiani rendessero popolare questo concetto. Il raggiungimento dei propri obiettivi nell'aldilà era di estrema importanza.

All'epoca dell'Antico Regno, sembra che le uniche persone che avevano l'opportunità di sperimentare la vita senza fine fossero i faraoni. Gli egiziani comuni e persino l'aristocrazia non erano coinvolti. Negli anni successivi, sacerdoti, funzionari e nobili famosi furono invitati a far parte della società d'élite. In futuro, chiunque fosse riuscito ad accumulare abbastanza denaro per una tomba modesta e una sepoltura ricca di rituali avrebbe potuto raggiungere l'immortalità. Non dovevano temere i morti né praticare alcun tipo di culto degli antenati, poiché aborrivano la morte.

Poiché gli egiziani hanno vissuto tutta la loro storia nel costante terrore dell'aldilà, è molto improbabile che il saccheggio delle tombe fosse così comune come in altri periodi della storia egizia. Una tomba non scavata che non sia stata saccheggiata è molto rara. Il metodo consisteva nel non temere la morte e nel rifiutarne l'esistenza. Poiché il defunto aveva buone ragioni per temere i vivi, sulle pareti della volta e sul lato della tomba venivano scritti incantesimi protettivi per allontanare potenziali invasori.

5.1 Il mondo sotterraneo e la vita dopo la morte

Quando i morti vivono

Gli antichi egizi si rivolgevano all'aldilà per trovare il tipo di conforto eterno che si può trovare solo lì. Pensavano che i defunti sarebbero tornati in vita nel mondo sotterraneo, dove sarebbero stati al sicuro dalle malattie e avrebbero potuto vivere la loro vita. Iniziarono a preparare i defunti all'ingresso nell'aldilà mummificando i defunti. Com'era ricominciare in questa nuova esistenza sottoterra?

La confessione negativa

La procedura veniva definita "confessione negativa", che richiedeva alla persona deceduta di affermare di non aver fatto nulla di male. Thoth, noto come scriba divino, era colui che registrava le dichiarazioni. Se il nuovo arrivato non superava la prova, un mostro femminile con la testa di un alligatore, gli arti anteriori di un leone e le zampe posteriori di un ippopotamo lo aspettava accanto a sé per divorarlo.

Dopo aver ammesso le proprie colpe, il cuore veniva giudicato rispetto a una piuma che rappresentava Maat, la verità e l'armonia. Se il visitatore fosse riuscito nell'intento, sarebbe stato accolto tra i ranghi degli akhu, i morti benedetti che possono esaudire alcuni desideri delle loro famiglie in preghiera. Questo era l'inizio dell'aldilà.

Le divinità coinvolte nell'aldilà

Esistevano molte idee diverse su ciò che accade dopo la morte, ma la maggior parte delle persone pensava che il defunto sarebbe diventato Osiride. Di conseguenza, gli Egizi creavano degli shabti, statuette in miniatura di Osiride, e li seppellivano con il defunto. Se il defunto aveva dei compiti da portare a termine nell'aldilà, lo shabti era in grado di svolgerli per lui. Ra era un'altra divinità che svolgeva un ruolo nell'altro mondo.

Era colui che aveva creato il cosmo e nell'aldilà era la fonte della vita stessa. Ogni giorno, al tramonto, si faceva strada attraverso il mondo sotterraneo, portando con sé la luce sulla terra, proprio come fa il sole. Anche se si pensava che solo i faraoni avessero un legame con Osiride e potessero accedere all'aldilà prima dell'anno 2000 a.C., anche la gente comune veniva mummificata per poter rivivere ed entrare nell'aldilà dopo questo periodo. Di conseguenza, le dimensioni del mercato della morte aumentarono notevolmente.

Produzione di massa per il Regno dei Morti

Poiché venivano mummificate molte persone, tra cui i faraoni, gli imbalsamatori e gli altri dipendenti legati al settore della morte avevano molto più lavoro da svolgere rispetto al passato. Di conseguenza, gli egiziani avviarono il primo atto di fabbricazione di massa negli annali della storia. Non sono disponibili molte informazioni sulla gestione del settore. D'altra parte, il fatto che tutti gli shabti utilizzati nelle tombe avessero le stesse dimensioni e la stessa figura dà l'impressione che fossero prodotti in gran numero. I furti sono inevitabili in un'impresa di questa portata e gli autori spesso iniziano come non credenti.

I non credenti nell'Antico Egitto

Gli imbalsamatori erano tra gli egiziani che sostenevano l'assurda convinzione che non esistesse una vita ultraterrena. Di conseguenza, diverse mummie bizzarre furono assemblate da vari pezzi di corpi morti. In una è stata trovata la testa di un'anziana signora, il corpo di un giovane e le gambe di due maschi distinti, per esempio. La maggior parte di queste mummie è stata realizzata nell'Egitto ellenistico, quando i Greci governavano l'Egitto. Tra la gente comune vivevano anche degli scettici, che consideravano tutto il tesoro contenuto nelle tombe come un bottino.

Rapina in una tomba

I furti di tombe esistono fin dal periodo badariano, durato circa dal 4400 al 4000 a.C. I ladri non sono mai stati scoraggiati dalle misure di sicurezza o dalle maledizioni che venivano poste sulle tombe. Nemmeno la severa punizione della morte riuscì a ribaltare la situazione. La costruzione di una o più saracinesche che venivano poi collocate in scanalature su ogni lato dell'ingresso della tomba era un tipo di protezione frequente. Dopo che la tomba era stata chiusa, i blocchi in questione venivano calati in posizione e bloccati.

Un altro approccio utilizzato fu quello di creare una tomba di fortuna. Tuttavia, nulla di tutto ciò impediva ai ladri di introdursi nella tomba subito dopo la sua chiusura. Le maledizioni, d'altra parte, hanno fatto sì che alcuni archeologi che stavano scavando alcune tombe egizie provassero paura.

La maledizione della tomba di Tutankhamon

Nel 1922, Lord Carnarvon finanziò una spedizione che portò alla scoperta della tomba di Tutankhamon. In seguito, morì per avvelenamento del sangue, il che fece temere ad alcuni la presenza di maledizioni. Tuttavia, l'uomo che scoprì il reperto, Howard Carter, morì 16 anni dopo il viaggio.

I faraoni decisero strategicamente di costruire le loro tombe nella Valle dei Re per scoraggiare i tombaroli. Nonostante ciò, in Egitto si verificarono casi di saccheggio delle tombe. Pertanto, i defunti dovevano affrontare delle sfide al momento del loro arrivo nell'oltretomba e, allo stesso tempo, le loro cose erano a rischio di essere rubate.

5.2 Funerali e testamenti dell'Antico Egitto

Donne che piangono a un funerale

Si pensa che i funerali dei comuni fossero occasioni piuttosto semplici, in cui partecipavano amici e parenti, si recitavano preghiere e si seppelliva il defunto una volta deposto. I funerali dei reali, dei nobili, dei funzionari di spicco e degli ecclesiastici erano occasioni più aperte ed elaborate che prevedevano una cerimonia funebre e rituali magici e culminavano con una cena funebre e la chiusura della tomba. A questi funerali partecipava un gran numero di persone. Per gli antichi egizi era estremamente importante che, dopo la morte, il corpo fisico di una persona continuasse a sopravvivere sulla terra in qualche forma, in modo che il defunto potesse svilupparsi adeguatamente nell'aldilà.

Di conseguenza, la ricerca di una sistemazione adeguata nell'aldilà per il loro cadavere dopo la morte era una cosa a cui davano grande priorità. Credevano che l'aldilà, per il quale avevano lavorato duramente, sarebbe stato una versione ampliata e migliorata dell'Egitto che avevano conosciuto sulla terra e che, una volta lì, si sarebbero riuniti con i loro cari. C'era un'eccezione notevole a questo quadro di vita in qualche modo normale nell'aldilà. Si trattava del monarca, che era già una persona divina mentre camminava sulla terra e la cui apoteosi sarebbe stata completa al suo passaggio.

I Libri delle Piramidi, incisi nelle tombe regali del 2500-2300 a.C., sono il primo gruppo di iscrizioni che trattano dell'aldilà. Questi testi affermano che il re risiederà con i suoi simili al seguito del dio del sole, Re. Il re trascorrerà l'eternità viaggiando per i cieli e gli inferi, e si potrebbe pensare che il destino delle sue vittime sia preferibile. Gli antichi Egizi avevano rituali e credenze sulla morte e sull'aldilà che richiedevano la conservazione del cadavere e l'esecuzione di preparativi approfonditi per l'aldilà. Quest'ultimo era concepito come una continuazione della vita precedente al trapasso.

Un antico egiziano si preparava per la vita nell'aldilà nella misura in cui i suoi mezzi economici glielo permettevano. Questo indica a noi che viviamo in tempi moderni che le tombe contengono una grande quantità di conoscenze sulle attività di routine che si svolgevano nell'antico Egitto. Le intricate e colorate scene dipinte sulle pareti delle tombe forniscono informazioni su un'ampia varietà di argomenti, come l'abbigliamento, l'agricoltura, lo stile architettonico, l'artigianato e la produzione alimentare.

Gli oggetti collocati nella tomba, compreso il cadavere, si aggiungono alla banca dati di accesso fornita dalla tomba. Il più antico testamento conosciuto è stato scritto da Nek'ure, figlio di un faraone egiziano deceduto nel 2601 a.C. Egli diede disposizioni per la distribuzione di 14 proprietà e città, che lasciò alla moglie, ai tre figli e a una donna senza nome. Questo testamento è considerato il più antico del mondo. Sulla parete della sua tomba c'era un geroglifico che diceva: "mentre è vivo sui suoi due piedi e non è malato in alcun modo", che prediceva che il giovane monarca egiziano avrebbe fatto delle scelte in futuro.

5.3 Processione funebre dell'antico Egitto

La prima fase della sepoltura di un faraone o di un'altra persona importante consisteva in una sfilata fino al Nilo, dove tutti venivano fatti salire su due barche e portati alla tomba. Dopodiché il funerale era completo. I luttofili che si guadagnavano da vivere in questo modo si univano al corteo e piangevano a dirotto, strofinandosi la pelle con terra e detriti, tirandosi i capelli e i vestiti e piangendo. Spesso la gente si riuniva a casa del morto di prima mattina quando si tenevano i funerali. All'incontro partecipavano i membri della famiglia e gli amici del defunto, oltre a sacerdoti, assistenti, musicisti e luttofili professionisti.

Un "tekenu", che rappresentava il morto e fungeva da capro espiatorio per le azioni malvagie, veniva trasportato da buoi su una slitta durante la parata. Seguiva poi una statua del morto nota come "corpo di riserva", che veniva seppellita accanto al defunto e spesso era scortata da sacerdoti e assistenti. Cibo e altri oggetti venivano portati per la celebrazione e seppelliti con il defunto. La barca utilizzata per trasportare la bara era il punto focale del corteo funebre. Oltre a essere incisa e decorata con ricami, era posta su una slitta. Iside e Nefti, due divinità che assistevano il defunto nel passaggio all'aldilà, erano rappresentate da due donne vive inginocchiate davanti alla bara.

Queste donne interpretavano i ruoli di Iside e Nefti. È possibile considerarlo come un "rito di passaggio", al quale la persona defunta si preparava per il suo passaggio nell'aldilà partecipando e che, in realtà, serviva come le prime tappe di tale viaggio.

5.4 Rituali funerari nell'Antico Egitto

Dopo il decesso, un egiziano diventava il fulcro di diversi rituali che gli officianti sacerdotali eseguivano. Le fasi del metodo, per la maggior parte, corrispondono alle azioni condotte nel periodo successivo a un decesso. Si trattava del trasporto del corpo al luogo in cui sarebbe stato imbalsamato, del processo vero e proprio di imbalsamazione del corpo, del trasporto del corpo alla tomba e infine della sepoltura del corpo. Le parole e gli atti dei rituali che si sovrapponevano a questi problemi pratici avevano un chiaro obiettivo metafisico. L'obiettivo dei riti funebri era quello di elevare il mortale al livello divino. A proposito della stratificazione di classi che si può notare nei riti funebri, la "democratizzazione dell'aldilà" è un concetto che si incontra spesso negli scritti egittologici.

Questo paradigma storico postula che gli antichi Egizi pensassero che un aldilà santificato fosse disponibile solo per i reali e che solo in epoche successive gli Egizi pensassero che i comuni cittadini potessero accedere a questa eternità. Tuttavia, l'ipotesi di questo paradigma si basa esclusivamente sul fatto che non sono stati trovati testi piramidali nelle tombe delle élite dell'Antico Regno. Uno studio recente ha dimostrato che questo modello presenta notevoli difetti. Anche prima della prima attestazione dei Testi delle Piramidi, esistevano già prove evidenti di una coerenza di fondo sia nelle credenze che nei comportamenti. In poche parole, c'è una somiglianza fondamentale in entrambi.

Tuttavia, bisogna ricordare che la fonte ultima dell'autorizzazione teorica per le cerimonie di sepoltura era in ogni caso il monarca e gli dèi. Questo è un aspetto che non va dimenticato. In conclusione, è importante considerare la scarsità di testimonianze al di fuori di quelle relative agli strati reali e privilegiati.

5.5 Processione verso la camera di sepoltura e il luogo di mummificazione

Dopo il decesso, il cadavere veniva portato dalla casa alla camera funeraria e lì conservato fino alla sepoltura. La parte più importante della processione era quella sul fiume, che rappresentava il passaggio dall'est, regno dei vivi, all'ovest, dominio dei morti. Il Nilo fungeva da percorso per questa parte del viaggio. Il defunto è spesso raffigurato all'interno di una bara e l'imbarcazione è tipicamente rappresentata in forme tradizionali come una zattera di papiro. Un'alternativa è rappresentata da una bara verticale che funge da contenitore per la statua del defunto. Le divinità degli inferi vengono informate dell'arrivo del defunto quando raggiungono la riva occidentale. Per questo motivo, l'arrivo alla riva occidentale ha un peso significativo.

L'imbarcazione ha la stessa forma della nave Neshmet di Osiride, che è la barca che trasporta la divinità durante i misteri che si svolgono nella città di Abydos, secondo le scenografie molto dettagliate che si possono vedere nel mausoleo di Rekhmire. Oggetti reali di questa forma, che corrisponde all'immagine del dio del sole Ra che si muove nel mondo sotterraneo, venivano occasionalmente inumati nelle tombe. Ra è visto in questa forma mentre naviga negli inferi.

Gli Hetep di nesut, una serie di grandi sacrifici reali, vengono fatti per onorare i morti in occasione del loro arrivo. Queste offerte provengono da diverse divinità importanti. Nelle recite sacerdotali che seguono le attività, l'individuo morto viene chiamato Osiride. A questo evento e a tutte le cerimonie che lo seguiranno sono stati assegnati particolari ruoli di genere per le responsabilità sacerdotali. Una coppia di donne, note come "piangenti", assunse le funzioni delle dee Nefti e Iside, che lamentavano la morte del loro fratello Osiride (Drtj). Queste due donne erano considerate due delle più importanti. All'ormeggio, uno di questi lutti partecipa all'offerta di un toro, e sacrifici simili avvengono praticamente in ogni altra fase della processione funebre.

Si tratta di una componente cerimoniale significativa. Seth, il dio che uccise Osiride, era rappresentato dal toro. Dopo questi officianti, erano presenti ai rituali anche sacerdoti che rappresentavano gli dèi Thoth e Horus. Dopo essere tornato nella cripta e aver preso il controllo degli abitanti della cripta, noti anche come "quelli con i seggi nascosti", il corpo veniva trasportato all'interno della "cabina del dio", una struttura fortemente legata ad Anubi, la divinità dell'imbalsamazione. Nove portatori di palloni e due lutti, definiti "amici", accompagnano il sacerdote mentre guida la processione via terra tenendo in mano una ciotola di incenso. Si afferma che i compagni sono i "figli di Horus", e la cifra nove è un riferimento all'intera diversità del pantheon celeste. Nell'ultimo giudizio dei defunti, la corona rappresenta la vittoria.

Grandi bracciate di doni celesti vengono portate alla cabina del dio dalla terra degli dèi e dai templi mortuari reali, mentre i doni funerari confezionati in contenitori vengono sollevati sulle spalle e portati con mani di riserva. Negli episodi che si svolgono all'interno del cimitero di Rekhmire, il luogo d'ingresso viene definito "una soglia da lavare alla scala delle libagioni". Per annunciare l'arrivo degli ospiti, un coro di amici e altri notai legge vari versi.

Rituali di mummificazione e imbalsamazione

È noto che il processo rituale di mummificazione richiedeva settanta giorni per essere completato. Si sostiene che questo periodo corrisponda alla durata del periodo annuale durante il quale le stelle immediatamente a sud dell'eclittica sono oscurate. La prima purificazione del cadavere avveniva nell'arco di circa tre giorni in un rifugio noto come zH-nTr. La procedura di mummificazione si svolgeva in una struttura distinta chiamata wabt, che significa "luogo puro", cioè "buona dimora". Si ritiene che Anubi, noto anche come "maestro dei segreti", Hrj-sStA, regnasse su questa struttura. Poiché era considerato scortese farlo, l'avvolgimento e l'unzione rituale che vi si svolgevano non sono riportati nei papiri di epoca faraonica.

Tuttavia, i papiri di epoca romana registrano le recitazioni insieme a questi atti. A differenza delle istruzioni cerimoniali fornite da queste fonti, che utilizzano una terminologia più contemporanea, la fraseologia delle recitazioni è di origine classica. Da esse si apprende, al momento dell'unzione, che il defunto presentava in precedenza le caratteristiche di un akh, noto anche come spirito santo. I "Testi della bara" e il "Libro dei morti" includono copie di diversi canti per la somministrazione di amuleti e cariche, come quelli scoperti all'interno delle legature delle mummie.

Gli incantesimi si trovano in entrambe le fonti, anche se spesso sono scritti in modo da far pensare che il ritualista sia il defunto stesso. Almeno dal Nuovo Regno, la preparazione della bara è stata ritualizzata. Con elementi come l'unzione, la recitazione e l'avvolgimento, questa preparazione era paragonabile alla procedura di mummificazione. Già nel Medio Regno, e forse molto prima, il cadavere mummificato sembrava essere al centro di diversi riti svolti di notte. Scene come quelle del Libro dei Morti possono essere considerate rappresentative di questa fase rituale, che continuava in parte i riti di imbalsamazione durante l'intera veglia oraria.

È possibile che durante la "Veglia dell'Ora" si svolgesse un giudizio rituale dei morti, con sacerdoti che interpretavano le parti degli dèi Horus, Iside, Nefti, Thoth e Anubi. Questo veniva fatto per impedire all'avversario di Osiride, il dio Seth, di avvicinarsi al corpo. Questo veniva fatto per impedire alla divinità Seth, l'avversario di Osiride, di avvicinarsi al cadavere. Oltre alla "Veglia dell'Ora" che si svolgeva in quel luogo, nella vicina necropoli si svolgevano numerose processioni cerimoniali ed escursioni. A partire dalla XVIII dinastia, varie usanze funebri erano spesso accompagnate da pellegrinaggi alla terra sacra di Abydos. Durante l'arco di tempo della ricerca, questa usanza è iniziata.

Il viaggio veniva fatto affinché il defunto potesse "traghettare Osiride nelle sue cerimonie". In particolare, a volte moglie e marito vengono osservati insieme in questo viaggio. Il fatto che entrambi siano mostrati a questo punto come se avessero ricevuto una giustificazione al giudizio del defunto è significativo. L'obiettivo principale della marcia verso la tomba era il trasporto via terra del corpo su una slitta trainata da animali, seguita da persone di classe inferiore e superiore, oltre che da amici. Le cerimonie funebri si concludevano con questo. I sacerdoti libano il latte e bruciano l'incenso davanti alla slitta, che sarà seguita da due lutti. Il materiale per la sepoltura sarà poi consegnato alla tomba utilizzando la slitta.

Cerimonia di apertura della bocca

Questa cerimonia era il rituale più significativo che si svolgeva durante la sepoltura. Un sacerdote che interpretava il ruolo di Horus la svolgeva. Una volta che i morti venivano portati via dalla nave, venivano lanciate importanti preghiere e incantesimi e il sacerdote toccava i volti dei morti e il corpo di riserva con una pietra sacra. In una rappresentazione simbolica del loro passaggio nell'aldilà, gli occhi e la bocca del defunto venivano aperti. La festa poteva iniziare poiché la bocca del defunto era aperta e si poteva mangiare. In un rituale, il tekenu veniva "messo a morte" e i buoi che lo trainavano venivano sacrificati. La zampa anteriore di uno degli animali uccisi, che simboleggia la virilità, veniva offerta in dono al defunto. Durante l'ultima cerimonia di addio al defunto, venivano recitate preghiere per garantirgli un viaggio sicuro nell'aldilà.

Si bruciava l'incenso. Era il momento di versare le libagioni. Poi il defunto veniva deposto nella tomba o nel sepolcro. Se il defunto fosse stato impoverito, lo si sarebbe seppellito in una fossa. Se era molto ricco, il suo cadavere e molti altri beni che sarebbero stati utili durante il viaggio sarebbero stati posti in una bara all'interno della volta. Alcune cose nella sepoltura venivano distrutte o "uccise" di proposito, in modo che il morto potesse utilizzarle subito. Mentre la tomba/volta veniva risigillata con la malta e si cantavano le preghiere finali, veniva riempita di pietre. La gente si riuniva intorno alla tomba mentre il muratore ci lavorava e condivideva un pasto in memoria di coloro che erano morti lì.

5.6 Il campo di canne

Gli antichi Egizi credevano che la vita sulla terra fosse solo una breve tappa di un viaggio infinito che alla fine sarebbe culminato non con la morte ma con una felicità senza fine. L'anima non moriva insieme al corpo quando una persona moriva, ma continuava il suo viaggio verso l'aldilà, dove si sarebbe riunita con tutto ciò che la persona aveva precedentemente creduto di aver perso. Dopo la nascita, il destino di una persona era deciso da un gruppo di divinità note come i Sette Hathor; l'anima procedeva quindi a vivere al meglio nel corpo che le era stato dato per un certo periodo, al fine di placare le divinità che le avevano permesso di nascere sulla terra attraverso la loro benevolenza.

Quando la morte sopraggiungeva, era semplicemente un passaggio a un altro mondo dove, se si era giustificati dagli dei, si sarebbe vissuto per sempre in un paradiso noto come Campo di Canne. Quando la morte arrivava, era semplicemente un passaggio a un altro regno. Gli Egizi chiamavano il Campo dei Giunchi, noto anche come Campo delle Offerte, A'aru. Questo campo rappresentava la vita di una persona mentre viveva sulla terra. Secondo i documenti, l'obiettivo di ogni antico egizio era quello di assicurarsi che la propria vita fosse degna di essere vissuta per sempre, e facevano tutto il possibile per assicurarsi che questo obiettivo fosse raggiunto.

5.7 Il libro dei morti

Il libro comprendeva una raccolta di canti, incantesimi e indicazioni che aiutavano i defunti a superare le sfide che li attendevano nel loro viaggio verso l'aldilà. Inoltre, includeva indicazioni su come comportarsi di fronte a Osiride, la divinità egizia della morte e della rinascita. Osiride sottoponeva l'individuo appena deceduto a un test per verificare se fosse buono o meno e se fosse esattamente come lui.

Conclusione

Gli antichi egizi guardavano all'aldilà per trovare il tipo di conforto eterno che si può trovare solo lì. Credevano che i defunti sarebbero tornati in vita nell'aldilà, dove sarebbero stati protetti dalle malattie e forse avrebbero vissuto per tutta la vita. Iniziarono a mummificare i morti per prepararli al passaggio nell'aldilà. Come ci si sentiva a ricominciare questa nuova vita sottoterra?

Sebbene esistano diverse teorie su ciò che accade dopo la morte, la maggior parte delle persone credeva che il defunto si trasformasse in Osiride. Per questo motivo, gli Egizi costruivano degli shabti, ovvero delle statuette di Osiride, e li seppellivano con i morti. Lo shabti sarebbe stato in grado di svolgere qualsiasi lavoro che i defunti avessero richiesto di completare per loro nell'aldilà. Un altro dio che aveva una funzione nell'altro regno era Ra. Era colui che aveva creato l'universo e nell'aldilà sarebbe stato l'origine di tutta la vita. Ogni giorno, al tramonto, attraversava il mondo sotterraneo, portando con sé la luce sulla terra, proprio come fa il sole.

Prima del 2000 a.C., si riteneva che solo i faraoni avessero un rapporto con Osiride e l'ingresso nell'aldilà; tuttavia, anche la gente comune veniva mummificata per essere resuscitata ed entrare nell'aldilà dopo questa data. La scala del mercato della morte, quindi, aumentò in modo significativo. Si ritiene che i funerali dei comuni fossero eventi piuttosto semplici, con la presenza di amici e familiari, la recita di preghiere e la sepoltura del defunto dopo il suo riposo. I funerali dei reali, dei nobili, dei funzionari importanti e del clero erano eventi più pubblici ed elaborati che comprendevano una cerimonia funebre, riti magici e un banchetto funebre seguito dalla chiusura della tomba. Questi funerali attiravano una folla considerevole. Gli antichi egizi davano grande importanza al fatto che il corpo fisico dei defunti continuasse a esistere sulla terra dopo la morte in qualche modo, in modo da poter progredire correttamente nell'aldilà.

Ogni monarca era considerato un'incarnazione di Horus quando era in vita. Oltre al ruolo svolto nella creazione del cosmo, i membri dell'Enneade svolgono anche ruoli significativi in diversi cicli di vita e rinascita. Per esempio, alcune leggende sostengono che la dea del cielo Nut sia responsabile della nascita del sole ogni giorno, mentre altre affermano che è anche responsabile della creazione delle stelle. Il braccio esterno della Via Lattea assomiglia probabilmente a una forma femminile nel cielo notturno e gli antichi egizi collegarono questa caratteristica astronomica alla dea Nut come conseguenza della loro osservazione.